如何说，孩子才会听；
怎样听，孩子才会说

———— 杨颖 编著 ————

汕头大学出版社

图书在版编目(CIP)数据

如何说,孩子才会听;怎样听,孩子才会说 / 杨颖
编著. -- 汕头 : 汕头大学出版社,2020.6(2023.5 重印)
ISBN 978-7-5658-3908-5

Ⅰ. ①如… Ⅱ. ①杨… Ⅲ. ①家庭教育 – 教育心理学
Ⅳ. ①G780

中国版本图书馆 CIP 数据核字(2019)第 063287 号

如何说,孩子才会听;怎样听,孩子才会说
RUHE SHUO HAIZI CAI HUITING ZENYANG TING HAIZI CAI HUISHUO

编　　著:	杨　颖
责任编辑:	邹　峰
责任技编:	黄东生
封面设计:	松　雪
出版发行:	汕头大学出版社
	广东省汕头市大学路 243 号汕头大学校园内　邮政编码:515063
电　　话:	0754 – 82904613
印　　刷:	三河市宏顺兴印刷有限公司
开　　本:	880mm × 1270mm　1/32
印　　张:	6
字　　数:	136 千字
版　　次:	2020 年 6 月第 1 版
印　　次:	2023 年 5 月第 4 次印刷
定　　价:	36.00 元

ISBN 978-7-5658-3908-5

蒙特梭利博士说："在帮助孩子健全发展的过程中，常被人忽视的，就是人性的特质——孩子精神上的需要。"因此，用沟通的方式教育孩子才是国际公认的优秀教育方法。

"这孩子怎么就喊不动呢？""我都说了100遍了，你怎么就不听呢！"为什么不少孩子都会让爸妈这么怨声载道？怎么样说孩子才愿意听，愿意改呢？

如果只是一味地批评，就会使孩子感觉不耐烦，甚至产生逆反心理。如果真的需要批评孩子，父母最好直接面对当下问题，就事论事，用尽可能简明的话语来表达，而且一天内批评不要超过两次。如果一天内连续批评，就会让孩子产生"揪住不放"的反感心理，反而会产生负面效果。有时候家长可以尝试用表扬代替批评，只要发现孩子比以前有一点儿进步，都要给予鼓励，比如一个拥抱、一个掌声、一句鼓励、一个大拇指。

孩子也经常抱怨"他们也不问问我为什么就这样了""我爸我妈咋这样呢"，而且这种抱怨的话有时候父母还不一定听得到！

　　显然，孩子没有受到足够的重视与尊重，其自尊心受到了一定的伤害，心灵也受到了打击，久而久之，一个可爱活泼的孩子会变得沉默寡言，再也不愿意开口和父母交流，变成一个自闭、自卑、沉默的孩子！　将心比心，做父母的应该把孩子当成朋友，消除彼此的隔阂。

　　沟通是一架桥梁，连通着彼此的心。　父母与孩子沟通是世界上最好的家庭教育，也是最为有效的的教育。　和孩子一起生活，与孩子共同成长，教育与尊重让彼此融合在一起！

　　本书围绕"如何说""怎样听"两个主题，结合现代家庭实例，帮助父母懂得如何与孩子进行有效的沟通，在亲子关系常见的场景中，告诉父母如何应对孩子不同的情绪，如何正确地听、说、做，通过一系列简单、实用、有效的方法，帮助你和孩子建立起一个能够快乐交流的平台，使孩子变得主动积极地与父母配合。　掌握了这些技巧，就能开启孩子的心灵世界，与孩子达成美妙的交流沟通，让孩子在父母的引导下身心健康发展。

2020 年 3 月

01

告诉孩子，你真的很棒

02

鼓励孩子，你可以自己做决定

03

提醒孩子，学习决定未来

04

激励孩子全方位培养自己的能力

05

告诉孩子，这个家你是重要的一员

06

启发孩子，从小养成良好的金钱观

07

叮嘱孩子，要学会好好说话

PART

01

告诉孩子，
你真的很棒

◇ 孩子，妈妈相信你 ◇

孩子能成为什么样的人，与父母的态度有很大的关系。作为家长，要多说肯定性语言，说孩子能做事，我们很放心。哪怕孩子有一点点突出的表现，我们都要描述出来。孩子对自己有信心，就会向好的方面发展。

◇ 给予孩子说话的自信心 ◇

你要
看好你自己

　　爱迪生出身低微、家境贫困，他一生只上过 3 个月的学。

　　在学校学习时，爱迪生总是无休止地提出这样或那样的问题，并要求老师解答清楚。老师总是被他稀奇古怪的问题问得瞠目结舌，于是便把他的母亲叫来，对她说："爱迪生这孩子对学习一点也不用功，还总是提一些十分可笑的问题。昨天上算术课时，他居然问我二加二为什么等于四，你看这不是太不像话了吗？我认为这孩子实在太笨，将来不会有什么出息，留在学校里只会影响别的学生，还是别上学了吧。"母亲非常生气地说："我认为爱迪生比同龄的孩子都聪明，从今天起，我自己教我的儿子，他再也不会来这里上学！"

　　就这样，母亲让爱迪生退学了，由她在家里亲自教育。母亲对爱迪生说："老师说你太笨，可是我不相信，因为我知道，我的爱迪生不但不笨，而且还比其他人都优秀。别人说你笨，但你自己可不能这么认为，要充满信心。"爱迪生深深地点了点头。

在母亲的悉心教导下，爱迪生阅读了大量的书籍。母亲发现爱迪生对物理、化学特别感兴趣，就专程买了《自然科学与实验科学入门》一书。爱迪生对实验好像走火入魔，他在家中建了一个小实验室。随着时间的推移，他的各种实验越做越多，越做越大，费用支出也不断增长，而家里的日子又过得非常窘迫。为了攒钱继续做实验，12 岁的爱迪生每天在火车上卖报纸，并利用卖报纸的间隙在火车的实验室里做实验。经过反复钻研，20 岁时，爱迪生发明了一台自动电力记录器，这是他的第一个发明。自此一发不可收拾，最终，他成为享誉世界的"发明大王"。

剑桥大学的教授这样告诫学生："在人生路途中，我们要努力发掘自己的优势，并且要善于利用自己的优势，让自己更卓越。"是的，人生旅途中，每个人都难免会碰上这样或那样的困难和挫折。面对困境，敢于看好自己、善于激励自己的人，一定能渐入柳暗花明的佳境。

看好自己不但是对自己的一种激励，更是对自己的一种尊重。作为父母，你应该告诉孩子：你要看好你孩子。

你真的很棒

　　美国坦帕湾海盗队杰出的美式足球教练约翰·马凯在接受电视访问时，记者提到他儿子的运动天赋，问马凯教练是否以他儿子在足球场上的表现为荣，他的回答令人十分感动："是的，我很高兴小约翰上一季成绩不错，他表现得很好，我以他为荣。但是，即使他不会打球，我同样也会以他为荣。"

　　马凯教练的意思是，小约翰的足球天赋或许可以得到大家的认可和赞赏，但他个人的价值却跟他的球技无关。如果他的儿子不会踢球，令人失望，仍不会失去他应有的尊严。小约翰在他父亲心目中的地位永远重要，并不受他在球场上的表现好坏所影响。

真希望世上所有的孩子都像小约翰这样幸福，拥有一个真正懂得孩子价值的父亲。

信心是激发人潜能的催化剂，失去自信心的孩子是很难取得进步的。 世界上每朵花都有属于自己的美丽，何必要强迫孩子做别人的复制品呢？ 不要将成功与孩子的智力联系在一起，因为成功并非都是源于聪明，自信和努力才是成功的关键。

作为家长，帮助孩子成长进步的最佳方法就是鼓励，并且一定要做到不失时机、持之以恒。 尤其对那些不太自信的孩子，告诉他：即使没有人欣赏你，你也要学会自己欣赏自己，相信你是最棒的！

有些孩子往往因自身的一些缺点导致缺乏自信，不能正确地看待自己，对自己评价过低。 父母一定要教孩子学会欣赏自己、接纳自己，培养孩子的自信心。 也许你的孩子的优点不多，值得骄傲的地方不多，但他作为一个生命力旺盛的儿童，身上一定有值得珍惜、值得欣赏的东西，家长帮助他找到这些东西，便能帮助他树立莫大的自信心。

1. 欣赏孩子的容貌

对容貌的欣赏是最直接的自我欣赏，因为容貌是外在的东西，直观可见，对容貌的欣赏最容易做到。 给孩子准备一面镜子，鼓励他每天在镜子前照一照，然后发现自己的优点和可爱的地方——比如，大大的眼睛、高高的鼻梁、白净的皮肤、小巧的嘴巴。 也许你的孩子并不漂亮，但他也会有许多值得欣赏的地方。 比如眼睛虽很小但很有神，皮肤虽较黑但很健康，鼻梁虽不高但很秀气，等等。 不一定只欣赏优点，因为每个人都不可能十全十美，只有正视自己不完美和缺陷的人，才能接纳自己，才会真正地建立自信。

2. 欣赏孩子的特长

每个人都有自己的长处，在孩子小的时候，教孩子欣赏自己的长处，能促进孩子发挥特长，也可以使孩子时时保持自信。 无论孩子聪明与否，他一定有自己的优势，要让孩子清楚地了解自己所长，善于发挥自己的长处。 比如，你的孩子很内向，不爱讲话，在一群孩子中很少引起别人注意，但他很细心，做事认真，观察力很强，看动画片的时候，他总是能注意到一些细节问题。 你要肯定孩子的优点，鼓励他发扬这个优点。 最好告诉孩子，他很仔细，能观察到很多细节，这是很好的优点，父母为他高兴，如果他能经常把自己看到的东西说出来就更好了。 这样，你的孩子就会认识到自己的优点，并加以运用。 比如，你家住在一个很大的房子里，条件不错，你要教孩子欣赏房子的宽敞、明亮，使他懂得自己生活在这样的环境中很幸福。 如果你居住条件较差，要引导孩子发现房子的优点。 比如，房子虽然很小但光线很足，或者房子虽然光线不好但很凉爽，你们一家人住在里面很开心，等等。 让孩子从小就学会适应环境，不自卑也不自傲，在快乐中成长。

你让我们
很放心

　　孩子将来成为什么样的人，与家长的态度有很大的关系。家长认为孩子会学坏、不争气，孩子绝不会辜负家长，真的就会那样。比如，有的家长认为孩子没有自控能力，便处处监督孩子，孩子就真的管不住自己；有的家长觉得孩子动手能力不强，做不好事，孩子就真的很懦弱，没有锐气；家长怕孩子染上网瘾，处处防范，不让他上网，结果，孩子偷偷去网吧上网，耽误了学习……

　　如果我们多对孩子说肯定性语言，说孩子能做事，说孩子诚实，说孩子有前途，说孩子行，哪怕孩子有一点点突出的表现，我们都描述出来。这样，孩子就会觉得自己行，能把事情做好。孩子对自己有信心了，自然会形成良好的心态，向好的方面发展。

　　如果孩子经常被消极的暗示所包围，他的思想、行为就会变得消极。如果家长处处觉得孩子不成，孩子的聪明、潜力也将被埋没，真的会成为无能、无用的孩子。

一个人只有在对自己有较高的评价并认为自己一定会成功时，他才能成功。孩子的自我评价，等同于父母的观点。所以，父母一定要相信孩子、肯定孩子。

我见过这样一个画面。

一群孩子在荡秋千，秋千不是很高，看上去也很结实。可能是某个孩子的家长临时给孩子们拴的。几个孩子轮流着荡秋千。一名小女孩拉着妈妈的手，很羡慕地在观看。孩子们轮了一圈后，喊小女孩过来一起玩。小女孩看看妈妈，妈妈点点头，冲着秋千努努嘴。

小女孩是第一次玩，几个孩子很友好地鼓励她："别怕，可好玩了！两手攥紧绳子就行了。"秋千荡起来了，小女孩坐在上面，心怦怦地跳，脸红红的，洋溢着幸福的笑容。

从那以后，小女孩经常和孩子们一起荡秋千、玩皮球、踢毽子。一个周末，小女孩想和几个孩子去福利院献爱心。7岁的孩子，能做什么呢？妈妈问："你能给老人们做什么？"小女孩说："我会唱歌呀！""可是，你从未出过家门呀！""妈妈，不用担心，我和几个哥哥姐姐一起去，我和他们在一起，我不乱跑。"妈妈最终同意了。

女儿出发后，妈妈便尾随着女儿到了福利院，然后又跟在女儿身后回家。一路上，妈妈见到的女儿俨然是个小大人。回到家，女儿叽叽喳喳地说个不停，说自己唱的歌，可受爷爷奶奶欢迎了。妈妈不断亲吻女儿，说："女儿长大了，能够给别人带来快乐了。"女孩幸福地笑着，说："我长大以后要当歌唱家，唱歌给爷爷奶奶听。"

妈妈笑了，眼里含着泪花。两年前，女儿还是个胆小的女孩，见了生人就哭、就躲。现在，女儿终于展开笑颜，敢于憧憬自己的未来了。这多亏自己教育观念的转变呀！如果像以前一样像护着小猫一样护着孩子，孩子或许还会像小猫一样缩在家里呢！

　　父母的教育观念直接影响孩子的发展，譬如孩子小的时候爱爬高爬低，如果父母担心孩子跌倒、碰伤而制止他，久而久之，孩子就会胆小怕事，不自信。 如果对孩子撒手，在排除安全隐患以后，鼓励孩子做他想做的事情，孩子从父母言行里读出了支持，就不会缩手缩脚。 孩子的思维能力是伴随着孩子的行动发展起来的，放开手脚实践过的孩子，不但做事能力强，头脑灵活，对自己也更加有信心。 所以，请家长对孩子大声说："大胆去做，你让我们很放心"！

自信是你
最大的财富

小泽征尔是世界著名的交响乐指挥家。在一次世界优秀指挥家大赛的决赛中，小泽征尔按照评委会给的乐谱激情地指挥演奏，突然，敏锐的直觉告诉他：演奏中出现了一个不和谐的声音。起初，他以为是乐队演奏出了错误，于是停下来重新演奏，但感觉还是不对。他认为一定是乐谱有问题，可是在场的作曲家和评委会的权威人士都坚持乐谱绝对没有问题，是他错了。面对一大批音乐大师和权威人士，他思考再三，最后斩钉截铁地大声说："不！一定是乐谱错了！"话音刚落，评委席上的评委们立即站起来，对他报以热烈的掌声——他获得了总决赛的胜利。

原来，乐谱中的错误是评委们精心设计的"圈套"，以此来检验指挥家在发现乐谱错误并遭到权威人士"否定"的情况下，能否坚持自己的正确主张。虽然前两位参加决赛的指挥家也发现了其中的错误，但却在权威们面前失去了应有的自信，因而被淘汰。小泽征尔却因充满自信而摘取了世界指挥家大赛的桂冠。

一个人只有先相信自己，别人才会相信你。 自信是一个人成功的必要条件，然而自信不能只停留在想象上，要有切实的行动。 如果你在生活中很自信地讲话，很自信地做事，久而久之就能成为一个优秀的人。 而那些常常自卑的人，他们并不是没有优点，没有可爱之处，而是缺乏自信。

先看一个女孩的例子。

刘娜是一个读初一的女孩，她认为自己长得不够漂亮，无论是说话还是走路总爱低着头。同学们认为她性格内向孤僻，基本上都不喜欢和她交往，这使得她更加自卑。

不过，一个偶然的机会改变了这一切。有一天，她从学校门口的饰品店买了一个红色的蝴蝶结，店主不断赞美她戴上蝴蝶结很漂亮。刘娜不相信，但是心中很高兴，不由自主地昂起了头，连出门与别人撞了一下都没注意到。她脸上充满了从未有过的自信和微笑，一路昂首挺胸走向教室，迎面正好碰上了她的老师，"刘娜，你抬起头来真漂亮！"老师微笑着对她说。那一天，她得到了许多人的赞美，她想一定是蝴蝶结的功劳。回到家后，她迫不及待地往镜子前一照，想看看自己戴蝴蝶结的样子。可是头上哪有什么蝴蝶结？她忽然想起来可能是走出饰品店时与人碰了一下，把蝴蝶结弄丢了。这时她才发现，原来是自信让自己变得如此美丽。

孩子，无论是你的长相普通，还是你的成绩不如别人，你都不应该丢掉你的自信。 自信可以让你更美丽，自信也可以让你变得更聪明。 所以，你一定要使自己成为一个有自信的人，可以试着用以下几种方法来培养你的自信心：

1. 走路时抬头挺胸

一般而言，自信的人走路时都会挺胸抬头，自卑的人则常常低头弯腰。反过来说，挺胸抬头容易带来自信的感觉，低头弯腰则容易带来自卑的感觉。所以，孩子，走路时请你一定抬头挺胸。

2. 面带微笑

微笑是获得自信的一个很好的方法。当你在比赛、考试、公众场合发言，感到自己不够自信时，如果能够抬头挺胸，面带微笑，你就会发现问题似乎容易解决得多。

3. 大声讲话

大声讲话是建立自信的一个突破口。一定要敢于开口说话，不要怕说错，一定要放开音量。可以先面对镜子自己练，然后再在人多的场合练。

4. 多与人交流

多与别人交流是建立自信最有效的方法。多与别人交流、说话，既可以让别人了解你、尊重你，也可以锻炼你的胆量，增加你的自信心。需要注意的是，与别人交流时一定要敢于正视对方的眼睛，说话的口气要不卑不亢、果断有力。

孩子，如果你自信，你要一直保持这种自信；如果你不自信，那么，从现在开始就要把自己训练成一个自信的人！

你要勇于实现
自己的理想

　　父亲和读五年级的儿子坐在一起看电视。孩子见屏幕上的律师口若悬河、滔滔不绝，一会儿引经据典，一会儿举例证明，说得观众个个点头称是，敬佩之心不禁油然而生，便转身对父亲说："爸爸，我以后也要当个律师。"父亲立即说："好啊！我支持。不过，当律师可不是容易的事，必须熟悉很多的法律法规，许多条文都必须背得滚瓜烂熟，如果磕磕巴巴，谁会来请你呢？可你，现在连书都懒得背。你想当律师，从现在起，我看就要每天背一首诗，先把记忆力练好。"听父亲这么一说，孩子就不作声了，心里却在想：那我还是不当律师算了。后来，孩子看一部反映特警战士的纪录片，看到高潮的时候，对旁边的母亲说："妈妈，我以后也要当特警。"接着在沙发上摆了几个招式。母亲说："这很好啊！我赞成。不过现在你必须好好读书，因为特警的要求很严格，不但要有丰富的科学文化知识，而且还要有不怕吃苦的精神。你呀，一点苦都吃不了，体育成绩也一般。以后，每天早晨早点起床，好好去锻炼锻炼。"孩子经母亲的这一番教育，想当特警的念头也一下子荡然无存了。

　　孩子在接触各种新鲜事物时，会自然而然地萌发自己的理想，这是很好的事情。 对孩子的理想，父母如果觉得是合理的，就应该给予支持。 但支持不是简单地说句好，也不是马上提出要求，并要孩子为实现理想去奋斗。 支持是要讲究方式方法的，必须充分考虑孩子的心理准备和接受能力。 像上面例子中的父母，从主观上说，他们对孩子的理想都是热情支持的，但从客观效果来说，实际上都是在扼杀。 主观愿望和客观效果完全相反。 为什么会这样呢？ 这是因为：孩子在接触新事物时刚刚萌发的这种理想，是非常稚嫩的，不成熟的；是感性的，非理性的；是临时的，没有多少准备的；是理想之苗，但不能说不是理想。 对这种处于萌芽状态的理想，做父母的如果用纯理性的、非常严格的终极标准来要求孩子，并希望孩子能马上付之实践，这就会使孩子感到措手不及，感到目标实在太遥远了，根本无法实现，因而觉得还不如放弃。 每个孩子都应该有自己的理想，但理想的确立需要一个由初步设想到牢固树立的过程。 在它的萌发之初，需要点拨和引导，需要精心呵护。 对孩子的理想，不理不睬是错误的，拔苗助长也是错误的。 如果我们都用这样的态度来对待孩子的理想之苗，那么，也许孩子永远也不可能树立稳固的理想。

　　怎样才是对孩子理想的真正支持呢？ 真正的支持应该建

立在对孩子的充分理解和尊重的基础之上，必须以孩子的现实准备为前提，然后进行适当的启发和诱导，不是说教，不是命令，也不是趁机提条件。比如，当孩子提出以后想当律师时，你不妨这样说："看来，当律师倒是很不错的。孩子，你说，那个律师为什么说得那么好，让那么多人都惊叹不已？不知道他小时候读书怎样？"这样就会让孩子自己去思索；或者也可以这样说："想不到你想当律师，这个理想好！我支持。孩子，你想想，当律师最需要什么才能？"总之，对孩子的理想之苗，家长要一点点地培养和扶持，要细心浇灌和滋润，不要一见小苗，就立即倾盆大雨般地浇灌，恨不得让它明天就成为一棵大树。

你一定会
有所作为的

　　孩子在父母不断地激励与鼓舞下会逐渐树立信心。 父母的支持与赏识是增强孩子上进心的内在动力，也是充分挖掘孩子潜能的一种无形的力量。

　　罗纳尔的成绩很差，每次考试总是在倒数几名。老师一直说他无可救药了，连他自己也觉得这辈子不可能成功。为此，他一直很沮丧。

　　有一天，老师兴奋地在班上宣布，著名的学者罗森·索索尔要来班上做实验。

　　罗森是研究人才学的专家，据说他有一种神奇的仪器，能预测出谁在未来会获得成功。

　　罗森只是到班上转了几圈便没了踪影，罗森的几位助手为学生们做了一次例行体检，除了体重计、血压计、听诊器之类，也没有什么神秘的东西。体检和学校平日组织的没有任何两样，只是助手们和孩子们拉了几句家常，问了些诸如"住哪儿""父母是干什么的""希望将来干什么"之类的话。

一天，老师神秘地点了五个同学的名字，请他们到办公室来一下。罗纳尔紧张得很，以为自己又没考好，是不是去挨训？其余几个同学也莫名其妙，因为他们的学习成绩都在中等以下。

办公室里坐满了老师，还有久违了的罗森·索索尔以及他的助手。"孩子们，"罗森和蔼可亲地说，"我仔细地研究了你们的档案和家庭以及现在的学习情况，我认为你们五个人将来会成大器的，好好努力吧。"

罗纳尔以为自己听错了，可是看看在场所有人的表情，他感觉这是真的。

从办公室出来，罗纳尔觉得自己脚步轻松了许多，他想："原来我还有希望，罗森是这么说的，他的预测一向是准确的，我要努力！"再看看其余四个人，罗纳尔发现他们也全部面露喜色。

"罗森说我会成大器的。"罗纳尔一直这么激励自己，很快，他的成绩跃居班级前几名，被罗森点到的几位同学也都名列前茅。

十五年后，罗纳尔顺利地从哈佛大学数学系取得了博士学位，在毕业典礼上，他见到了久违的罗森教授。罗森头发白了，但罗纳尔还是一眼认出了这个他生命中最重要的人。罗森竟然还记得罗纳尔，热烈地向罗纳尔表示祝贺。

"可是，"罗纳尔最终还是忍不住问了起来，"您是凭着哪一点确信我一定会成功的？当时我连自己都绝望了。"

"孩子，我给你看一样东西。"罗森请罗纳尔到自己的电脑室去，在那里，他调出了罗纳尔的全部资料，包括从他们那次实验后的每次考试成绩记录、就读的大学的情况。不仅有他的，还有其余四个人的。罗纳尔一点也不明白是怎么回事。

"那次实验到现在才结束，实验的题目是'语言的激励作用对人的影响'，我们一直对你们五人进行跟踪调查，实验大获成功。实际上，我并不知道你们都会成功，但除了因车祸而亡的丽达，你们都成功了。我只是从花名册上随便勾出五个人名，在此之前我对你一点也不了解。实验表明，帮助孩子培养对自己能力的信心，更能发挥孩子的潜力，因为人类会经常被自己心中的信心所引导，小孩也不例外。"

罗森·索索尔的这个实验是心理学上著名的实验，这是利用语言的暗示功效来培养人的自信心。罗纳尔正是在鼓励之中唤起信心而获得成功的。

现在，很多父母对孩子要求很严格，对错误、缺点从不放过，发现了就及时批评教育。这种不姑息、不袒护、不放任的态度是对的，也体现了对孩子殷切的爱，但教育效果并不是很理想。什么原因呢？原因在于只是一味地批评，不符合孩子的心理特点。

孩子的信心来源于父母有效的夸奖。孩子需要夸奖，需要鼓励。"夸"不仅仅表明了父母的信心，同时也坚定了孩子的信心。只有孩子对自己充满了信心，父母才能培养出优秀的人才。那么，家长具体要怎样去赞扬和鼓励孩子呢？

1. 不要给孩子消极的期望

当一个家长要求孩子第二天早晨自己收拾书包时，应该说："我相信你能做到这一点。"而不是说："你能做好吗？"后一种说法会使孩子自己也怀疑自己是否有完成这个任务的能力，在具体做的时候就不是努力去做，而是容易气馁，半途而废，导致失败。

2. 不要对孩子提出不合理的高标准

家长和老师都希望孩子上课能够时时刻刻专心听讲，每天都能够做到作业本整整齐齐，穿着干干净净，然而，这对于上幼儿园和小学的孩子来说大多数人是不可能做到的。所以，家长不能对孩子期望过高，不要使孩子觉得他们始终达不到预想的标准，这样的孩子会过早地失去童真和快乐，也会失去自信。

3. 重视孩子的贡献、自身价值和优点

要想使孩子感觉良好，就要使他们感觉到自己是有用的人。

很多家长说自己孩子时，总是把他们说得一无是处，在家里又什么都不让孩子做，因为孩子做什么都难以达到家长的高标准。要想使孩子觉得自己有用，家长应该客观地评价自己的孩子，肯定孩子的长处，帮助孩子用自己的特长为家里做出一份贡献。

　　例如，孩子擦玻璃擦不干净，但是叠衣服做得很好；扫地扫不干净，但是去取牛奶、买早点却很麻利……家长总能发现和培养出孩子做某件事情的特长，使这件事情成为孩子的"专利"，常常赞扬他，鼓励他越干越好。　这样，孩子当然会为自己在家庭中的"重要位置"而感到自豪和自信。

　　4.鼓励每一个进步，而不是关注最终的成就

　　家长常常关注孩子的考试成绩，或者关注孩子参加什么比赛得了几等奖，却容易忽视孩子平时的每一个微小的进步，这样做的结果会使孩子索性不去尝试每一个微小的努力，因为他一下子看不到长远的结果，又缺乏耐心和意志。　因此，家长需要对孩子的每一个进步都有鼓励，使他们的正确行为得到强化。

你要做一个
勇敢的孩子

很多父母都说过，自己的孩子非常胆小，每天都跟在父母后面，一刻也离不开，不敢独自出去玩，不敢和陌生人说话，不敢一个人睡……作为父母，谁不愿意自己的孩子具有坚强的意志和勇敢的精神？但是看看自己的孩子，一副胆小怕事的样子，心里难免会有些失望。勇敢的精神不是天生的，完全可以通过后天科学的心理训练，耐心地教育、培养出来。

勇敢是指敢于做自己力所能及的事情，下面这个男孩就是一个例子：

尚波一家在天津做生意，家里很富裕，一些当地的绑匪早就瞄上了他。

一天，尚波放学回来，在路上遇到一个陌生人，说是他父亲的朋友，去他家里拿一个影碟，让尚波带路，说着就把尚波推上了一辆面包车。面包车发动后，尚波发现不是去自己家，而是朝着另一个方向去了，这时他知道自己被绑架了。

车子开到了一个平房附近，尚波被绑匪带进去绑了起来。到了晚上，绑匪开始给他的爸爸打电话，不停地勒索钱。到了深夜，尚波想，如果这样下去，爸爸肯定会被这伙绑匪要挟控制，自己不能就这样在这里等死。勇敢的他向绑匪喊了起来："要是这样绑下去会死人的，死了人，我爸爸就不给钱了。"绑匪就把尚波腿上的绳子解开了，尚波的腿自由了！歹徒走开后，尚波用衣柜的角磨断了绳子。现在他能移动了！趁绑匪打瞌睡的时候，他偷偷地从门缝里溜到了外面，正好碰见一个老大爷半夜出来上厕所，好心的老大爷报了警，最后警察抓住了这伙绑匪。

勇敢就是一个人能够积极应对各种突发状况，遇事不惊慌，能够想办法自救或者求助他人。就像尚波一样，才能称得上是勇敢。

勇敢是孩子应该具有的一种良好的品质和习惯，勇敢和勤劳一样，也是中华民族的传统美德。每一个孩子无论是在学习中，还是在生活中，要想获得成功，勇敢是必备的条件之一。孩子从小就养成勇敢的习惯，是家庭教育中的重要环节。作为家长，应该怎样培养孩子勇敢的习惯呢？

1. 对孩子进行榜样教育

榜样的教育作用对孩子来说，效果是非常好的。很多英雄在追求真理的过程中，在遇到困难和危险时，都能表现出勇敢的精神，令人敬佩，这些都是最值得孩子学习的地方。

　　作为家长，应该培养孩子养成勇敢的习惯，多讲讲那些大智大勇的英雄故事，指导孩子学习英雄人物的勇敢品质。

　　2. 言传身教，给孩子创造一个良好的环境

　　父母平时的一举一动，都会对孩子产生深刻的影响。 在日常生活中，父母是孩子最亲近、最信任的人，也是在一起时间最长的人。 父母在生活中对他人、对家庭、对集体、对社会，都要勇敢地去承担各种责任，不要给孩子造成一种"各人自扫门前雪，不管他人瓦上霜"的印象。 家中来了客人，要让孩子主动问候招待，勇敢地和客人交谈；与别的孩子闹矛盾，要鼓励孩子勇敢地承认错误；学校布置的活动，要鼓励孩子积极参与；在上课的时候，鼓励孩子勇敢地发言；家中事务，要鼓励孩子发表意见。 这样，给孩子创造一个良好的环境，孩子的勇敢品格才会在学习生活的实践中逐渐形成。

高情商家教思维

1. 你认为父母应该从哪些方面鼓励孩子?

_____

2. 你是否认同"孩子成为什么样的人,与家长的态度有很大的关系"? 为什么?

_____

3. 有哪些方法可以帮助孩子培养自信心? (例如:当众讲话等)

_____

_____

4. 要想培养孩子的创造力,可以从哪几个方面入手? (例如:多和孩子沟通等)

_____

_____

5. 父母应怎样看待孩子的理想,是否应无条件予以支持? 为什么?

_____

_____

6. 有哪些方法可以培养孩子勇敢的品格? (例如:榜样教育等)

_____

_____

鼓励孩子，
你可以自己做决定

◇ 你要独立做事 ◇

你放那儿吧，我等会儿替你缝一下。

我把奶奶送我的新衣服蹭出一个洞，这可怎么办啊？

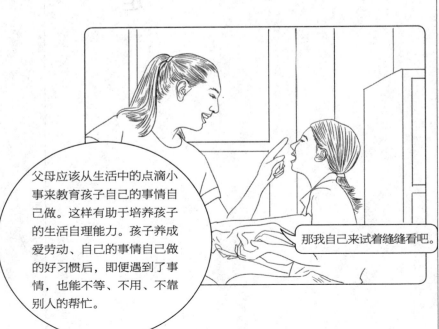

父母应该从生活中的点滴小事来教育孩子自己的事情自己做。这样有助于培养孩子的生活自理能力。孩子养成爱劳动、自己的事情自己做的好习惯后，即便遇到了事情，也能不等、不用、不靠别人的帮忙。

那我自己来试着缝缝看吧。

◇ 你遇事要沉着冷静 ◇

你要
对自己负责任

著名教育家茨格拉夫人说过："必须教育孩子懂得他们不同的举动能产生不同的后果，那么随着时间的推移，孩子们一定会变得很有责任感的。"

父母在教育孩子的同时，一定要让孩子明白：每个人都应该为自己的行为负责，无论好坏，都要承担其后果。不论孩子有什么过失，只要他有一定的能力，就应当让他承担责任，这才是父母真正的爱心。

一位法国妈妈带着7岁的儿子到一个中国朋友的家里做客。

这位中国的女主人对外国友人的到来非常重视，特别学习了西餐的做法。她对外国母子说："今天我做西餐给你们吃，你们尝尝中国人做的西餐味道好不好。"

小男孩听女主人要给她们做西餐，心想：中国人做西餐肯定不好吃。于是，当女主人问他吃不吃的时候，小男孩坚定地回答："我不吃。"

等女主人把西餐端上来的时候，小男孩被眼前的汉堡吸引住了。这么好看的汉堡，味道肯定很好！小男孩有点迫不及待地对妈妈说："妈妈，我要吃汉堡。"

女主人很高兴小男孩能够喜欢自己做的食物，就高兴地把汉堡端到小男孩面前，说："来，宝贝，吃吧！"

谁料，男孩的妈妈严肃地对女主人说："不行，他说过不吃，他得为自己说过的话负责，今天他不能吃汉堡！"

男孩着急地哭起来："妈妈，我要吃汉堡！"但是，男孩的妈妈根本不为所动，只是对儿子淡淡地说："你得为自己说过的话负责。"

女主人觉得男孩的妈妈也太较真了，就说："给他吃吧，孩子总是这样的。"

男孩的妈妈正色对女主人说："亲爱的，我们要培养孩子的责任心。"

最终，无论男孩怎样哭闹，妈妈就是不同意让他吃汉堡。

事实确实如此，只有让孩子懂得自己的行为将会产生什么后果，他才会对自己的行为负责任。

在现实生活中，父母要试着把应该由孩子承担的每一项责任，让孩子自己承担。比如，当孩子惹了麻烦的时候，你应该说："这是你自己选择的，你想想为什么会这样。"而不要对孩子说："你已经努力了，是爸爸没能力帮助你。"

虽然只是一句话，却反映出了观念的不同。 如果你无意中帮助孩子推卸了责任，孩子将会认为自己无须承担责任，这对他以后的人生道路是很不利的。

如今，很多父母都不太重视培养孩子的责任心。 当孩子遇到一些事情的时候，父母总是替孩子完成，希望能为孩子留出更多的时间去学习。 其实，责任心是孩子做人、成人的基础。 因为有责任心的人，首先要有一定的道德水准，否则他就不可能对事情负责任。 责任心也是做事情的标准之一，没有责任心就不可能认真去做事。

父母培养孩子勇于承担责任的好习惯需要注意以下几个方面。

1. 听取孩子对家庭生活的建议

父母可以适当地与孩子谈谈家里的花销及人情往来，并请孩子谈谈自己的看法，或者请孩子出主意想办法。 当父母经常聆听他们的意见，采纳他们的有价值的建议的时候，孩子就会在心中产生对家庭的责任感。

2. 不要鼓励孩子告状

如果孩子常在父母面前说别人如何如何，那么，他就是在学着怪罪别人。 父母要是听从孩子的告状，就等于是对他们说："妈妈会帮你处理这些事情。 妈妈知道你还太小，应付不了这个。 所以只要任何应该让妈妈知道的事，就要告诉妈妈。"这种态度对孩子的成长很不利。 一般来说，对孩子的告状，妈妈应该说出自己的想法："我不喜欢你打别人的小报告。"当然,父母必须考虑到安全的问题。 如果别的小孩正在做比较危险的事情,孩子跑过来告诉你,你肯定要重视。

3. 让孩子心中有爱,关心他人,善待他人

父母要培养孩子对社会的责任心,必须要求孩子主动关心老人、病人和比自己小的孩子。 父母生病的时候,让孩子学会照顾父母。 让孩子知道父母的生日,鼓励孩子给父母送上一份生日礼物。

4. 让孩子做力所能及的家务劳动

父母要把每件要求孩子做的事情,对孩子交代清楚,保证孩子能完全理解。 耐心指导孩子做家务,以鼓励、表扬、奖励等方式对孩子进行积极的反馈。

孔子说:"爱之能毋劳乎?"如果我们爱孩子,就让他们在劳动中学习吧。

你要
尽最大努力做事

　　著名教育家陈鹤琴先生曾提出："凡儿童自己能够做的，应该让他自己做；凡儿童自己能够想的，应该让他自己想。"因此，要培养孩子成为强者，父母首先要鼓励孩子做一些力所能及的事情。若是孩子实在太小，有些事做不了，父母代劳一下情有可原。但是，在他力所能及时，父母应该教他如何做好自己的事。

　　要培养孩子自立、自强，首先就必须让孩子从小养成动手做事的良好习惯。凡是孩子自己能做的事情，我们要尽量让孩子学着去做，如早晨起床以后，可以安排孩子扫扫地，晾晾鞋子，洗洗手帕、袜子等；饭前抹抹桌子，准备碗筷，摆放椅子，饭后一样一样收拾、洗刷；还可让孩子参与择菜、择葱、剥蒜、洗生姜等做饭类的家务活；爸爸妈妈下班回家后，可以叫孩子送条毛巾擦汗、倒杯水喝、打点水洗脸、拿把扇子扇风、搬椅子让爸爸妈妈坐着歇会儿……

　　当孩子遇到困难时，家长不要一味包办，要先让孩子自己想办法解决。 如果孩子确实没有能力解决，也不要直接帮助孩子做，只要给他解决问题的方法就可以了。 比如，当孩子不会拉拉链时，父母不要直接帮他拉上，而应给他提供一些能帮他学会拉拉链的动作。 虽然父母替他们扣扣子、拉拉链会使这些事更快做完，但若给孩子时间来练习与掌握这些技能，则可增强他们的动手能力。

孩子刚开始动手做事时，可能会显得笨手笨脚，甚至会把事情弄糟，这个时候家长千万不要呵斥孩子，应该耐心地把动作解释清楚并做示范，让孩子看得懂听得清，然后再让他练习。 孩子大都胆子小，做事前可能会有顾虑——怕把事做坏了。 这时，家长要及时地给孩子树立信心，打消孩子的顾虑。 这样，孩子以后就会大胆的做事了。

儿童文学家吉姆·法里说：“人应该有探索，有追求。这些都要从培养独立性和主动性做起。”想让孩子独立自主，就千万不要把孩子当成弱者来看待。 父母能干，培养出的孩子未必能干。 爱孩子当然没错，可是爱有很多种方式，为什么偏要选这种有害无益的呢？

让孩子独立和爱孩子并不矛盾，不要舍不得放手，不要一厢情愿地心疼孩子。 爱他，才更要让他学会自食其力。其实，孩子并不像我们想象得那样脆弱。

周末，刚吃过晚饭，方倩带着六岁的女儿小玖到小区旁边的夜市闲逛。突然，小玖的腿就像被什么东西粘住了一样，方倩一看，原来她盯着一个笼子里的小白兔在看。方倩催小玖到别的地方看看，但小玖开始大吵着要方倩给她买只小白兔。

　　看着小白兔那可爱的样子，方倩开始动心了。但一想到自己上班那么忙，还要抽出时间来照料小白兔，她又开始犹豫了。聪明的小玖似乎看出了妈妈的心思，露出恳求的表情对妈妈说，自己会照顾小白兔。最后方倩只好向女儿投降。

　　把小白兔带回家后，小玖很积极，又给小白兔洗澡，又喂它吃东西。

　　但仅仅过了一个星期，小玖就不愿意照顾小白兔了，觉得照顾它太烦人了。于是，方倩每天下班之后，在已经累得要命的情况下，还要帮小玖照顾小白兔。方倩开始有些后悔给小玖买小白兔了……

　　其实，方倩的错不在于给小玖买小白兔，而在于把本应由小玖承担的责任揽了过来，这不仅让自己很累，而且失去了一次培养小玖责任感的机会。

　　培养孩子的责任感，应该是家庭教育中的一项重要内容。所谓责任，就是做好自己分内的事。每一个人在社会上都会同时扮演不同的角色，而不同的角色承担着不同的责任。比如，方倩在公司是会计，她的分内工作是会计工作，她承担的责任就是把会计工作做好；在家里，方倩是小玖的母亲，照顾好小玖也是她应承担的责任。买小白兔是小玖提出来的，小玖是小白兔的拥有者，作为拥有者，小玖在享受拥有小白兔的特权时，也应该照顾好小白兔，她必须承担起照顾小白兔的责任。因此，方倩应给小玖创造自己负责的机会，以培养小玖的责任感。

对于孩子来说，责任感是一种极其重要的素质，它是提高孩子承担能力的"催化剂"。有责任感的孩子，会自觉、自爱、自立和自强。可以说，责任感是孩子走向成功和幸福人生的必备条件之一，而缺乏责任感的孩子成年后会遭遇很多困难。

尽管孩子现在还小，但他总有一天要进入社会。孩子成年走向社会后，将要承担许多社会责任：作为儿子（或女儿），他（她）有责任让自己的父母安度晚年；作为父亲（或母亲），他（她）有责任让自己的子女受到良好的教育；作为丈夫（或妻子），他（她）有责任让自己的配偶过上安乐的日子；作为公司员工，他（她）有责任做好自己的本职工作……这些责任，不存在"想不想承担"的问题，而是"必须"的。

但是，现在有相当多的家长不注意培养孩子的责任感。他们不知道，自己为孩子做的很多事情，本应是由孩子去做的。有可能是因为家长太忙，也可能是缺乏相应的知识，总之，有很多家长不愿花时间去训练孩子，让孩子学习做一些他们力所能及的事情。像方倩这样，一看到小玖嫌烦，为了图省事，就把照顾小白兔的活儿揽了过来。她从没想过要通过让孩子动手来提高孩子的能力，其实这对孩子是不公平的。

家长的责任，不是包揽孩子的一切事情，而是培养孩子的社会责任感和基本的社会生存能力。只有这样，当孩子长大成人，走向社会之后，才能通过自己的奋斗成为一个成功和幸福的人。 因此，家长一定要牢记一条原则：不要替孩子做任何他自己能做的事情。

家长包揽了孩子自己能做的事，就是剥夺了孩子自己动手解决问题的机会，使孩子缺少获得成就感的体验，这种体验是形成孩子责任感的关键。 不仅如此，家长包揽了孩子的事，会让孩子认为自己需要家长的照顾，并且理应受到家长无微不至的照顾。 这样一来，孩子永远不可能形成自己的责任感！

当家长把孩子培养成"小皇帝"之后，孩子就习惯了家长为自己服务，而不会替家长分忧。 如果家长不能为他提供无微不至的照顾，他就会认为不公平，会认为家长"欠"了他；当家长拒绝照顾他时，他就会觉得自己是个受害者。

其实，方倩可以采取"情商四步法"来处理小玖不肯照料小白兔的问题。

第一步，发挥情商中识别感情能力的作用。 当小玖说自己照料小白兔很烦的时候，方倩应压下怒火，认识到小玖是因为不熟悉小白兔的生活习性或学习任务繁重而不愿意照顾小白兔。

第二步，发挥情商中理解感情能力的作用。 虽然小玖缺乏耐心，不肯照料小白兔，方倩还是应向小玖表示自己的理解，可以说："妈妈理解你的感受，你现在学习确实很累，照顾小白兔会让你有点烦。"这种理解并不表示认同小玖的行为，而是表示自己理解小玖现在的感受。

第三步，发挥情商中利用感情能力的作用。 在方倩表示了自己的同情和理解之后，能够基本消除小玖的抵触情绪，这时，方倩应和小玖说："但是，当初是你决定买小白兔的，你是它的主人，你享受了小白兔带来的乐趣，就应该同时承担起照料小白兔的责任。 这是你身为主人的责任。"如果方倩是以尊重的态度和真诚的语气跟小玖交流，那这时小玖肯定会愿意接受方倩讲的这些大道理。

第四步，发挥情商中调整感情能力的作用。 方倩讲完道理后，就应针对小玖的实际情况帮她解决问题，可以和小玖一起制订"时间分配方案"，合理分配时间。 在与小玖交流时，方倩可以问小玖对照料小白兔还有什么想法、打算怎么办以及如何照料小白兔的问题，等等。

你要
独立做事

如果小鸡永远在母鸡的翅膀下成长，那么，它是不可能自己去觅食的。 如果小鹰永远在老鹰的呵护下长大，则也不能翱翔天空。 同样的道理，孩子永远生活在父母的怀抱里，就无法具备独立生活的能力，就难以适应社会。 因此，父母不要大包大揽，对孩子总是放心不下，而要大胆地培养孩子独立的生活能力，让孩子养成自己的事情自己去完成的好习惯。

小英今年15岁，一天她和同学们去动物园。下午小英回来告诉妈妈说："我把姥姥刚送的新衣服弄破了，这可怎么办呢？"

正在准备晚饭的妈妈看看很着急的女儿，故意说："先放那里吧，等妈妈有时间了，帮你把新衣服缝好，不过今天姥姥要来哦！"

"那姥姥一会儿来了，看见我把衣服已经弄破了会生气的。"小英很着急。

妈妈说道:"就是啊!姥姥经常夸你是一个懂事的孩子,什么事情都不用妈妈操心,如果你发现自己的衣服破了,并且还放在那里,不知道姥姥会怎么想你。"听见妈妈的话,小英的脸刷地一下子就红了。她十分不好意思地对妈妈说:"妈妈,自己的事自己做,我自己来试一试吧。"妈妈听后微笑着点点头。

小英找出了针线,决定按着妈妈以前缝衣服的样子把衣服缝好。小英毕竟是第一次用针线,还真不顺手,线不容易穿进针眼,因此,穿针眼用了五分钟,然后才开始缝。一不小心,针把小英的手扎出血了,她赌气地叫了起来。

妈妈闻声走过来,看见小英把衣服、针和线一起扔在了一个角落里。妈妈心疼地帮小英把受伤的手指清理好后说:"好孩子,你看,手指没事了。缝得很不错啊,但是还没有完成。"听了妈妈的话,小英心里又惭愧起来。经过努力,小英终于把衣服缝好了,双手捧着缝好的衣服,她觉得自己动手做自己的事其实是很快乐的。

父母应该从生活中的点滴小事来教育孩子自己的事情自己做。这样有助于培养孩子生活自理的能力。孩子养成爱劳动、自己的事情自己做的好习惯后,在成长路上一旦遇到事情时,就会不等、不靠别人的帮忙,凡事自己去做。

其实,父母替孩子做他应该做的事,不仅不会给孩子带来幸福,反而会使孩子失去锻炼的好机会。

让孩子从小养成自己的事自己动手的好习惯，我们建议父母要做到以下几点：

1. 让孩子亲自动手做事，满足自身需要

任何孩子都有内在的需要，都想亲自动手来满足这种需要。首先，父母要区分孩子的需要是积极的还是消极的。父母要满足的是孩子的积极需要，克制孩子的消极需要。其次，当孩子在正确需要驱动下表现出"我要做时"，父母要及时给予鼓励和赞赏，必要时还应创造一定条件使孩子亲自动手做事，满足自身的需要。

2. 让劳动开发孩子的智力

孩子在动手做事情的过程中，手的动作是在脑的活动支配下进行的；动手的过程是孩子的观察、注意、记忆、想象、思维、言语等能力的综合运用过程。同时，手的动作又刺激脑的活动支配能力，这就是我们平时所说的"心灵手巧"。

3. 对孩子做事提出有计划的要求

父母让孩子劳动的时候，应该提醒孩子做事前想一想先做什么，后做什么，怎样做最好。如孩子初学洗手绢，可以让孩子先计划自己的行动程序：准备好水和肥皂，卷起衣袖，将手绢浸湿，擦肥皂，搓手绢，用清水洗净，晒手绢。这样能使孩子养成有计划性做事的好习惯。

你要主宰
自己的生活

　　牛玉夫妇有个 10 岁的女儿叫思思，思思成绩非常棒，每次考试几乎都能得满分。思思平时勤奋好学，又好动脑，速算题、抢答题都是她答得最快；思考题、作文也是班上做得最好的。

　　当人们让牛玉夫妇介绍一下他们是怎样教育自己的女儿时，他们是这样说的：我们从来不管女儿的作业，也从不看着她学习。在女儿上学之前，我们就开始给她灌输一种观念——学习是她自己的事，将来就算是有出息也是她自己的事。我们一直在给女儿讲这一道理。几年来，我们都把责任还给了她自己，同时我们也把自由还给了她自己。女儿每天的作业基本上都是在学校里完成的，即使是作业太多做不完，她回家后的第一件事也是先做完作业。我们要求她每晚 8 点半之前睡觉，有一次她贪玩结果忘了做作业，到睡觉时才想起来，我们告诉她，作业没完成是你自己的事，只有等着明天挨老师批评吧，现在是睡觉时间，你一定得上床去睡觉。从那以后，女儿就真的再也没有耽误过她的作业。

教导孩子自己做主、自理自律是家长必不可少的一项工作。为此，做家长的不妨无为而治。

正是由于牛玉夫妇平时不管孩子，实行"无为而治"，才使得孩子有了许多自由，也使孩子产生了许多自己的兴趣与爱好。没有家庭作业的时候，女儿会一边查字典一边读《安徒生童话》《格林童话》《伊索寓言》和其他一些有趣的书籍，有时家长问她为什么爱读这些书，她就告诉家长说因为她的同学们都爱听她讲故事。牛玉夫妇的女儿还爱画漫画，她把家长、亲人、老师、同学都画到她的漫画里，她说这样很好玩。家长过生日时，她送给家长一张她自己画的漫画作为生日礼物，在那张漫画上她画了一个小老虎，用头顶着一本厚厚的书，然后递到一头戴着眼镜的大牛的面前……女儿跟家长解释说："我属虎的，你属牛的，平时爱看书，所以我送给你一本厚厚的书。"

牛玉夫妇的女儿是向往自由的。父母告诉孩子，做儿女的是可以跟自己的家长讲理的。每当女儿做错了事，牛玉夫妇从来不打骂她，而是与她讲道理，直到她自己明白自己做错了为止。

家长从不因为考试成绩好而去奖励女儿，因为他们要让女儿明白，学习的好坏其实是自己的事情，既然学习是自己的事，那又凭什么要家长给她奖励呢？

有许多家长望子成龙心切，他们一心想让自己的孩子成才，于是就替孩子做一切属于孩子本该自己做的选择，结果使他们的孩子认为学习仿佛是家长的事，是自己在替家长完成这一学习任务的。这样下去，反而是剥夺了孩子的学习自由，又把孩子应该负的责任担在了自己的肩上。到头来，他们的孩子肯定很难成才，因为没有奋发向上精神的孩子，将来是不可能腾飞的。

家长应该把"望子成龙"的心态改为"让子成龙"的心态。给孩子创造一个良好的环境，同时给孩子树立一个比较好的榜样，让孩子能有更多选择的自由，也让孩子有更多的责任感，设法去激发孩子的"成龙"热情，激发孩子潜在的创造力和学习欲望，让孩子自己去渴望成龙。这样一来，孩子才能成为一条真正的"龙"。

孩子生活自理能力的形成，有助于培养孩子的责任感、自信心以及自己处理问题的能力，对于孩子今后的生活也会产生深远的意义。但现在大多数孩子依赖性强，生活自理能力差，以至于以后不能很好地适应新环境，所以培养孩子的生活自理能力至关重要。

有报道称，98%的家长担忧孩子自理能力差，这几乎成了家长的"心病"。但是这"心病"是如何患上的呢？说来也许有讽刺意味：患有"心病"的家长，绝大多数都是"心病"的制造者。为什么这样说呢？回想一下，也许孩子要帮你收拾饭碗，但是你怕孩子把碗摔了，急忙把碗抢了过来。碗，也许保住了，但却伤了孩子的自尊心。也许孩子非要自己穿鞋穿衣，你嫌他动作慢、穿不好，耽误了出门时间，于是亲自上阵，飞速地给他穿戴整齐。类似场景，是不是许多家长都经历过？

孩子天生好动，对什么事情都感到新鲜，都想自己动手，因此若要说某个孩子从小就懒，是不符合实际的。孩子的"懒"，多半是家长持续"教育"的结果。家长从孩子小时候就一而再、再而三地剥夺了他们自理、自立的权利，而现在却一再抱怨孩子们懒、自理能力差，这对孩子极不公平。无异于一个教练从来不训练队员，而在比赛时却要球队一定赢球，这可能吗？父母要把孩子教育成为全面发展的人，而不是衣来伸手、饭来张口的"书呆子"。读书学习固然重要，但孩子长大后进入社会，任何书本知识也不能代替自理、自立能力和劳动美德。那么怎样训练孩子的生活自理能力，让孩子从小养成良好的劳动习惯呢？

1. 增强孩子的生活自理意识

家长无条件地替孩子做任何事情，会使孩子形成一种错误认识：自己不愿意干的事情，家长会帮着干。例如，口渴了，家长会端水来；要起床了，家长会给穿衣服……因此，家长必须通过各种形式，让孩子知道，自己已经长大了，要"自己的事情自己做"。

家长可以对孩子进行正面教育，增强孩子的生活自理意识。如通过谈话"我是乖宝宝""我长大了""我学会了……"等活动，利用提问、讨论、行为练习等形式，让孩子意识到自己有能力干好一些事情，为自己会做力所能及的事情感到高兴。再如在语言活动（读诗歌、讲故事、看图讲述等）中，帮助孩子充分理解作品内涵，通过作品中角色的行为，使孩子受到感染、教育。也可以为孩子准备不同行为表现的各种图片等，通过分辨不同行为（能自理的与不能自理的），巩固孩子的生活自理意识，让孩子在比较中提高对自理行为的认识。还可以与其他的小朋友作比较，来激发孩子上进的意识。

2.让孩子学会具体的生活自理的方法

根据孩子的年龄特点，把一些生活自理技巧编成儿歌、歌曲或者设计成有趣味的情节等，让孩子在游戏、娱乐中学习本领。例如，《穿衣歌》：抓领子，盖房子，小老鼠，出洞子，吱溜吱溜上房子；《叠衣歌》：关关门，关关门，抱抱臂，抱抱臂，弯弯腰，弯弯腰，我的衣服叠好了；《脱衣歌》：缩缩头，拉出你的乌龟壳，缩缩手，拉出你的小袖口。通过这些朗朗上口的儿歌，孩子会饶有兴趣地边说儿歌边做动作，逐步学会穿脱衣服。

在教孩子如何刷牙以防长蛀牙时，就教给他们一首有关正确刷牙的儿歌，时时提醒孩子每天早晚刷牙；在让孩子们注意洗手的正确方法和节约用水的时候，可以通过对已有儿歌进行改编并自己配上曲调，就变成了一首脍炙人口的歌曲，孩子们会比较喜欢！

3.分步骤培养

每个孩子的领悟能力不同。如果家长发现教了几次后，孩子仍无法独立完成，则可以考虑将该事项的步骤拉长，更细致地教孩子。

先将每项技能的步骤简单分解成 4~5 个阶段，再来分析、衡量孩子可以完成哪些。如果孩子不能完成，可再将步骤细分，并由你细致示范或陪着孩子一起做，指导孩子完成，直至孩子可以不需要指导独立完成为止。

你遇事
要沉着冷静

孩子成长的过程中，可能会遇到各种各样的危险和挑战，比如做事不顺、生病、独自出行遇到坏人、经受利益诱惑、朋友反目等。 如果孩子处理得不好，后果将不堪设想！

　　放学回到家，阳阳撂下书包就走到妈妈身边，说："老妈，明天我要和同学去郊外玩！骑自行车！"妈妈一听骑自行车去郊外，有点担心，再看儿子满脸憧憬的表情，就答应了。

　　儿子出发前，妈妈再三叮嘱了儿子骑车出行的注意事项后，前前后后检查了一遍儿子的自行车，并把手机塞到阳阳的背包里。

　　说好了傍晚6点准时回到家，可是7点还没有见到儿子的影子。妈妈眼前开始晃动各种画面：车祸？迷路？车坏了？被绑架？犹豫了许久，忍不住给儿子打了个电话。

　　电话里传来儿子焦急的声音："同学的自行车坏在半

路了，我们正在想办法！哎呀，急死人了!"妈妈从儿子带着埋怨的声音里，听出了慌乱。

"你们在哪条路上？决定怎么办?"妈妈问。

"在高新技术开发区外的银河路上，我们等了1个多小时也打不到车。"儿子的声音里带着哭音。

"从银河路上下来，你们会看到一个站牌！在那里能够打到车！你们不妨试试！别慌，保持镇定!"妈妈叮嘱儿子。

儿子犯难："一辆出租车也坐不下这么多人呀?"

妈妈说："那就多打一辆车，打不到车就一部分人坐车，一部分人骑自行车回来！怎么样?"儿子在电话那头说："成!"

儿子回到家后，滔滔不绝地讲述着今天的游玩，最后对妈妈说："要不是您，我们可能到现在还回不来呢?"

"瞧你们一个个的，在家里鬼主意多着呢，一出门就傻眼了。世上无难事，只怕有心人。遇到任何事情一定要镇定，不要慌乱，只要静下心来分析一下形势，就能想出好方法!"

儿子点点头："嗯！多出去几次我就有经验了，这次收获可真不小。"

只有多历练，多接触社会，孩子才有经验，遇到事情才会心里有底，不至于慌乱。否则，孩子会因为软弱、没有经验而"临事慌乱""临阵脱逃"，甚至失去正确的判断，从而惹来灾祸。

你要拥有
无所畏惧的精神

　　哥伦布出生于意大利的热那亚，他小时候就读过《马可·波罗游记》，被书中描写的情景深深地吸引了。他十分崇拜马可·波罗，向往印度和中国，梦想着有朝一日能够到东方探险。

　　当时，有科学家提出了地圆说，哥伦布对此深信不疑，他特地请教了一位意大利的地理学家，得知沿着大西洋一直向西航行，就能抵达东方。于是，哥伦布制定了一个远航计划，希望能够得到君主们的支持。

　　在被葡萄牙国王拒绝之后，西班牙王后慧眼识英雄，她甚至要拿出自己的私房钱资助哥伦布。经历了几番周折，西班牙国王费迪南德二世终于答应支持哥伦布远航。但是，所有的水手都不愿随哥伦布远征，他们都担心在半途中葬身鱼腹，国王只好从刑事犯中挑选了一批人给哥伦布当水手。

　　1492 年 8 月 3 日清晨，哥伦布带着西班牙国王给中国皇帝和印度君主的国书，带领 87 名水手，驾驶着 3 艘破旧帆船，离开了西班牙的巴洛斯港，开始了人类历史上第一次横渡大西洋的壮举。

海上的航行生活十分单调而乏味，水天一色、茫茫无际。在原始的大自然中，人类显得异常单薄、无助，甚至有些力不从心。谁也不知道在广袤的大西洋上，等待着这批由囚犯组成的船队究竟是怎样的命运。那时候，大多数人都认为地球是一个扁平的"大盘子"，再往前航行，就会到达地球的边缘，帆船就会坠入深渊！对此，意志坚定的哥伦布毫不惧怕，他坚持继续向西航行。

历经磨难和艰辛，哥伦布虽然没有到达中国和印度，却发现了美洲大陆，成了名垂千古的航海家。

孩子，我希望你在生活当中也能培养一种无畏的精神，用勇敢的心来面对生活，面对生活中一切有意义的尝试。

要具备一种勇敢无畏的精神，我觉得你可以从以下几个方面去做：

（1）对未知的领域保持勇敢探索的精神。勇敢不仅仅表现为一个人胆子大，还表现为一个人敢于挑战困难的决心和不怕失败的勇气，在探索的过程中这些都是必不可少的。

（2）坚强的人也只是在经历了许多事情之后，才懂得去承担的。如果你想变得更加坚强，就要懂得去经历，尤其在困难的时候，要勇敢地把这段经历当作自己的阅历。

（3）要敢于面对和承担。出现问题的时候要敢于面对，犯下错误的时候要敢于承担，这样你才能够成长。要记住，逃避永远不是解决问题的好方法。

高情商家教思维

1. 你是否重视对孩子责任心的培养？ 有哪些培养责任心的好方法？

_____

_____

2. 你如何理解"不要替孩子做任何他自己能做的事"这句话？

_____

_____

3. 对待错误，你有哪些经验教训可以传授给孩子？

_____

_____

4. 反思一下，你是否有替孩子大包大揽的现象？ 这会对孩子产生什么影响？

_____

_____

_____

5. 从教育角度，你是否认同"无为而治"？ 为什么？

_____

_____

6. 记录本周和孩子间一次令你记忆犹新的对话。

家长：_____

孩子：_____

提醒孩子，学习决定未来

◇ 你要明确学习动机 ◇

◇ 你要敢于提问 ◇

孩子上课的时候是不是有非常多的问题？

他是不是总跟不上进度才会有那么多问题啊？

小华有这种研究精神是很值得鼓励的，家长不要担心，多提问题是好事。

孩子提出问题不仅是他获得知识的前提条件，更是孩子解决问题的过程。勤学好问是一种十分可贵的精神，是一个优秀学生应该具备的品质。家长不仅不用担心，还应该鼓励孩子多问，发扬爱提问的精神，养成爱提问的习惯。

读书
才是你的出路

读书是开阔孩子视野、获取知识的一和学习方法，也是一种能给孩子带来无限乐趣的娱乐活动。

人究竟为什么读书？ 或者从另一个角度发问，读书到底有什么用？ 对孩子来说，读书是为了考上好学校，为了获取丰富的知识，为了提高修养，为了改变命运，为了就业，为了成名成家，为了报效祖国，等等。

读书，也要扩大范围，不能只读一个学科的书，要像吃饭一样，吃多种蔬菜和杂粮，摄取多种营养——阅读各种各样的书。

16 世纪英国哲学家培根说过一句名言——"知识就是力量"。 他还说过："读史使人明智，读诗使人聪慧，数学使人缜密，博物使人深沉，伦理使人高尚，逻辑修辞使人善辩。 总之，知识能塑造人的性格。"

而当今孩子读书，多数都是为了应付考试，只有很少的一部分是为了提高修养，愉悦心情，提高自己的人文素质。

父母要注意培养孩子读书的习惯，一是要注意孩子的兴趣，二是要根据孩子的具体情况，选择不同的书。为了让孩子完善自己、充实自己的人生，为了明理——明做人的道理和办事的道理，需要读书、读好书、好好地读书和把书读好。

父母要时常教育孩子，读书是为了提高自己的综合素质、培养高尚情操，不排斥孩子在读书中学习一些实用的技术和技巧，但是应该从读书中更加重视做人的艺术，从读书中提高自己的人文素养，在读书与做人的领域中，以强大的知识武装头脑，以美好的情趣陶冶性情。

读书是孩子成才的必经之路，每一个父母都希望孩子成为有用之才，将来会在竞争中占得一席地位，显示出孩子的天赋和才能，造福于社会乃至全人类。从主观上看，成才的要素可归纳为知识、能力和素质。因此，不论在什么情况下，对孩子来说，读书的目的就是积累知识、培养能力和增强素质。

人文科学浩如烟海，博大精深，孩子的学习时间是非常有限的，因此，父母要帮助孩子结合他自己的实际情况，如专业特点、兴趣爱好等，有选择地学，从而建立自己的知识结构。

那么，在人文素质的背景下，该让孩子如何去读书呢？

1. "好读书而不求甚解"

对孩子来说，他的知识面还不能够达到像专家教授一样，能够把书研究得非常透彻。所以，父母要指导孩子在读书的时候，尽量多选择一些好书，要求孩子掌握书中的大意即可，不必刻意要求孩子把每一个字词都理解得通透，也不要让孩子钻牛角尖。但凡读一本书，首要的任务是弄清作者的观念、这本书宣扬的主旨，切不可被细节困惑。

2. 由约而博、由博返约

读书，要浅读，而不是让孩子随便翻翻就算读过了，如果能把书中的知识和现实生活联系起来，就最好不过了。对于那些优美的短篇诗文，不宜匆忙读过，而要慢慢咀嚼玩味，品出味道来。有些一时不懂、读不透的，也可以让孩子先把这些内容用笔做下记号，有空的时候，再拿出来翻看一下，可能有一天孩子会豁然开朗，真正领会到其中蕴藏的深层含义或艺术上的高妙之处。

当孩子读文学作品的时候，要让孩子发挥他的联想能力，指引孩子用自己的生活经验来验证作品中描述的生活，可以生发出自己的独特体会，不一定要与作者的意愿相符；除此之外，还要让孩子多了解作家的生平和作品产生的历史文化背景，就是所谓知人论世。学会把握自己的人生，把人生变成一种近距离的观察，使自己活得有滋有味。阅读要持之以恒，对于提高孩子的文学素养必然是大有益处的。

读书不单单是让孩子积累知识，还要让孩子学会自己拓宽、更新知识的本领，要养成一种经常上图书馆、逛书店的习惯，为提高孩子的人文素养打下良好的基础。

你要
明确学习动机

　　良好的学习动机就是有强烈的求知欲望、好奇心以及积极的学习态度。孩子热爱学习、主动学习是每个家长的期望，现实却往往事与愿违，很多孩子学习的时候缺乏动力。

　　要让孩子明确学习动机，这样，才能让孩子更积极地学习。

　　那么，如何形成积极的学习动机呢?

　　1. 树立崇高远大的目标，明确学习目的和意义

　　家长应给孩子订立一个高目标，让他们更努力地学习。这个目标不妨设得更高一点，让他们有一种不断追求、不停超越的感觉，以此来激发他们的潜能，强化学习动力。

　　2. 强化学习动机，培养独立进取的个性

　　独立进取与学习动机有很密切的联系，独立进取意味着孩子有很强的进取心，这样的孩子在学习中有很强的自我约

束力，因此学习成绩会很好。

3.注意调整学习动机的水平

有了学习动机，但是过强或者过弱都是不可取的。 过强会造成放弃一切与学习无关的活动，每天不停地学习，其结果只能带来身心的损害；而动机过弱，就会造成学习无计划、无目标等不良后果。

4.计划好学习的每一步

制订科学合理的学习计划，关键是确立一个可行的目标和合理的计划。 假如没有目标，所谓的计划就像在黑夜中航行的船，无法找到正确的方向；而没有计划的目标则是永远不可能实现的梦。 制定长期完善的学习计划会使你有非常明确的目标，时刻都知道自己处在一个什么位置，离目标有多远的距离，这可以大大减少学习的盲目性，使整个学习计划紧张有序。

5.培养良好的集体氛围

身处一个良好集体氛围中，会在无意中对你产生积极的影响，你会受到集体中其他成员的带动，从而提高效率。 因此，在一个相互竞争又相互理解和支持的集体氛围中，能够对学习动机产生积极的影响。

你要
敢于提问题

"学起于思，思源于疑"。 从古到今，很多发现、创新都是由疑问开始的。 所以古人才说："学贵有疑，小疑则小进，大疑则大进。"质疑就是提出问题，它可以让孩子更加有目的地去学习，引导孩子更加深入地理解课文，让孩子主动去研究、去发现，激发孩子的思维。

一切新的认识和发现都是从提问开始的，不善于提问的孩子，在学习中也不会有创新的精神，提问也是一种创新，也是一种学习的方法。 所以作为家长，要鼓励孩子在学习的过程中多提问，在提问中学习，在提问中探索，在提问中提升自己的学习能力。

爱因斯坦曾经说过："提出一个问题，往往比解决一个问题更重要。"爱因斯坦得出的结论是："妨碍青年人用诧异的心情去观看世界的那种学校教育，完全不是通向科学的阳光大道。"绝大多数的科学家、物理学家，甚至其他领域的人，对牛顿的空间和时间的公式都深信不疑，而爱因斯坦却尝试着对它不信任，提出了新问题，从而创立了相对论，在科学史上取得了巨大成就。

让孩子在学习的过程中发现问题，提出问题，比在课堂上回答老师设计出来的问题更能吸引孩子的注意力。让孩子多提问，主动提问，从根本上改变孩子对老师和家长的依赖，消除孩子在学习中的被动心理，让孩子成为知识的探索者，把学习的潜力充分发挥出来。正如叶圣陶先生所说："上课之时主动求知，主动练，不徒坐听老师之讲说。"只有让孩子用自己的方式去学习，孩子才会在今后的道路上更有主见，孩子长大后才会拥有独立生活的能力。

小华平时非常喜欢提问题，在每一节课上都要问老师很多的问题，回家后也要围着父母问这问那，父母有时候被问得都无法回答。有一次开家长会，小华的父母找到他的老师问："孩子上课的时候是不是有非常多的问题？"老师微笑着点点头。小华的父母担心孩子总是有这么多的问题，是不是因为他的头脑不聪明，这时候，老师说："小华这种'打破砂锅问到底'的钻研精神非常好，很值得表扬，家长不要担心，多提问题是好事情，是孩子学习的好机会。今后，随着孩子学习的深入，他的问题会越来越多，问的层次也会不断地提高。"

从学习上来看，勤学好问是一种非常可贵的精神，是一个优秀的学生应该具备的学习品质，家长不仅不用担心，而且还应该鼓励孩子多问，发扬爱提问的精神，养成爱提问的习惯。

提出问题是学习的开始，也是孩子认知世界的开始。孩子提出的问题往往反映了孩子认知水平的高低，可使家长更清楚地了解孩子，对孩子进行更合理的教育。我国在教育上自古就有"学贵善疑"的说法，孩子在学习的过程中，敢于提出问题是非常可贵的，任何一个问题的提出都是孩子学习深入的映照，也是孩子认真观察、发现问题、提出问题进而解决的桥梁。

法国著名文学家巴尔扎克认为：打开一切科学宝库的钥匙都毫无疑义地是问号。美国著名心理学家布鲁纳在学习中也提出了一种新的方法，并把这种方法称为"发现法"，这种方法其实就是鼓励孩子在学习过程中多提出一些问题。

鼓励孩子在学习过程中不断地提出问题，就可以使他们的学习由被动接受知识的过程变为主动探求知识的过程。这对增强求知欲，集中注意力，提高学习兴趣，培养观察、思维、记忆等能力都是有好处的。

那么如何才能培养孩子良好的提问习惯呢？应该从以下几方面着手：

1.消除孩子提问前的顾虑

很多孩子在课堂上很少提问，偶尔提问，也是一站起来就脸红，有时候是因为怕提的问题过于简单，让同学们笑话，有时候却是因为怕羞。对待这样的孩子，家长要让他知道"提问无须脸红，无知才应羞耻"的道理，这是养成提问习惯所必须具备的正确认识。

提问的习惯不是一两天就能养成的，这是一个由浅入深、逐步提高的过程，家长也不要过于急躁，孩子最初提问的问题也许是一些天真幼稚的问题，这是很正常的，要知道，没有简单、幼稚的问题就不会发展到深奥、复杂的问题，那些真正有水平、有价值的问题正是从一些简单、幼稚的问题发展而来的。 所以，要让孩子知道，不要因为提出的问题简单受到同学的嘲讽而感到难为情，更不能因此而退缩。

　　在美国，小学教育非常重视孩子的提问。 在课堂上，孩子可以随时打断老师的讲课进行发问，而且提出的问题越多越好，越有价值越好，老师不但不会为此感到不满，而是如果谁的提问更深刻或者能从问题中指出老师的错误，老师便会高看一眼。 而那些老师也回答不了的提问，老师会很高兴地在课下邀请这些孩子们一起讨论，这种培养孩子提问的精神才是真正地为孩子的学习着想，才会促进孩子养成提问的习惯。

2. 消除孩子对家长和老师的依赖

　　家长和老师，在孩子的心中往往都是最具榜样性和权威性的。 孩子被领进知识的大门后，在"榜样"和"权威"的熏陶下，心理得到塑造，而且孩子对他们的话都深信不疑，年龄越小的孩子越是如此，对家长和老师的依赖就越强。

　　教育孩子，就要让孩子懂得，在家里，父母不一定就是真理的化身；在学校，老师也并非就是最权威的，这些人都会出现差错，他们的知识也不是最全面的，即使是最有成就的父母，最有名望的大学教授，也有答不出来的问题。 如果孩子一味地依赖家长或者老师，就会影响自己独立思考和创新能力的提高。

3.鼓励孩子及时提问

作为家长，应鼓励孩子多提问。 只有这样，孩子才能从提问中获得知识。

> 小梁有一个好的习惯，每到下课，他总是把一些课堂上没来得及问的问题及时地向老师请教，有时候，老师走得急，他就回家后向家长提问，小梁的这种及时提问的习惯，不仅可以解决自己的问题，而且还节省了思考所花费的时间。

在学习的过程中，问题积累得越多，学习起来越累，养成良好的提问习惯，就是解决这个问题的最好办法，也给学习创造了良好的学习环境。

在提问的过程中，不仅要会提问，还要会思考，不经过思考就提问，或者提问之后不思考，对学习也起不到好的作用。 相反，经过严密的思考之后再进行提问，不但会从提问中找到问题的关键，而且能找到自己的差距，并会对问题的探求更深入。

在课堂学习中，提问是积极思考的标志。 问题越多的孩子知识往往掌握得越全面，领会得也就越透彻。 而那些很少提问甚至从不提问的孩子，虽然也听到了老师的讲解，也听到了别人的提问和老师的回答，但由于自己的手并没有举起来，所以他的思路并没有真正跟上，即使听到了同样的内容，印象也不如积极思考的孩子那样深。　不仅对知识的应用能力差，而且还非常容易遗忘。

但是，在日常生活中，有些孩子心中藏了很多疑问却不敢问，这是为什么呢？　原因就是他们害怕，有可能是害怕父母的呵斥，有可能是害怕老师的责备……当面对这样的孩子时，做父母的是否有责任让孩子把心中的疑团解开呢？

可新学习很用功，也很懂事，但就是有一个毛病，不爱提问。对自己不懂的问题，哪怕是很重要的问题，他也从不问别人，无论是老师还是同学，甚至包括家里人。

晚上，可新做数学课外习题，又是因为里面"追击问题"弄不懂，以至于下面的应用题都无法解答了。坐在一旁的妈妈忍不住问儿子："我们昨天不是说好了，今天去问老师吗？你没有问老师，还是问这没有听懂？"可新低声说："我没有问。"好一会儿，妈妈都没有说话，于是可新又说道："妈妈，你给我讲吧！"看着孩子已经两天都没有完成的作业，可新的妈妈坚决地摇摇头，然后微笑着摸摸可新的头说："儿子，这样吧，我们打电话给老师，请老师在电话中给你讲，但是，你一定要说出你的疑问，这样老师才能帮助你，好不好？"可新抬头看看妈妈，撅起嘴。妈妈继续鼓励儿子说："你不用怕，老师一定会很高兴为你解答的。你知道吗，聪明的孩子才敢于提问，当你踊跃提问后，你会学到很多很多的知识，敢于提问的孩子才是最聪明的，我们试一试吧！"在妈妈的陪伴下，可新和老师在电话中弄懂了问题的关键处，很快就做出了这些数学题。

　　第二天，可新觉得数学老师不但没有以前那么可怕，反而很和蔼。于是，一次又一次的尝试，可新在提问中解除了疑惑。可新的成绩一天比一天好，性格也活泼了许多。

　　可新不爱提问，源于性格内向等多种原因。　妈妈的鼓励和老师的帮助，让可新恢复了孩子爱问的天性。　每个孩子头脑中都有数不尽的问题，他们就是在对这些问题的探索中，逐渐认识周围的世界，逐渐长大的。　也就是说，知识越多，问题越多，提问的能力也越强。　但随着年龄的增长，许多孩子的问题却越来越少了。　造成这种现象的一个重要原因，是父母和老师对孩子提问的冷漠、呵斥、嘲笑。　一些孩子对提问感到难为情，渐渐地不敢问、不想问，最后发展到不会问。

　　教育孩子要有正确的方法，要鼓励孩子敢于提问，敢于发表与别人不同的见解，只要有这种信心和勇气，孩子的创新意识就能树立起来，创新能力就会得到提高。

　　当然，这就需要父母营造宽松的家庭氛围，设法经常锻炼孩子的胆量，教给孩子一些提问的技巧，使孩子会问、善问。　这样，孩子在向别人请教的过程中，学到的不仅仅是知识，同时还可以培养自己对读书的好奇心、发现问题的恒心和解决问题的自信心。

你要
勤于思考

　　卢瑟福是 20 世纪最伟大的实验物理学家之一，在放射性和原子结构等方面都做出了重大的贡献，被称为近代原子核物理学之父。他成为一个硕果累累的大科学家之后，仍然很重视读书和思考。有一天深夜，卢瑟福看到实验室亮着灯，就推门进去，他看见一个学生在那里，便问道："这么晚了，你还在干什么？"学生回答说："我在工作。"当他得知学生从早到晚都在工作时，很不满意地反问："那你什么时间思考问题呢？"

　　同样，比尔·盖茨从小最大的特点也是喜欢坚持不懈地思考。当母亲问他在做什么的时候，比尔·盖茨总是回答："我在思考！"有时他还反问家里的人："难道你们从不思考吗？"比尔·盖茨的头脑从来没有停过运转。据说，微软公司流传着这样一种说法："和大多数人谈话就像从喷泉中饮水，而和盖茨谈话却像从救火的水龙中饮水，让人根本应付不过来，他会提出无穷无尽的问题。"

这就是思考对于成功的巨大意义。 成功的人都善于思考，勤于思考。 卢瑟福的一生，就是思考和工作的一生，而比尔·盖茨之所以有今天的巨大成就，与他从小热爱思考不无关系。 思考是创造力的源泉。

孔子说："学而不思则罔，思而不学则殆。"这句话将思考和学习的关系阐述得很透彻。 思考在学习的过程中是非常重要的，如果不会思考，就不善于运用积累起来的知识，不善于总结经验，不会举一反三，学习的效果将大打折扣。

思考习惯的养成对于孩子以后思维方式的形成以及知识的积累都有很重要的作用。 现在越来越多的家长都已经意识到让孩子学会思考的重要性，那么，如何让孩子学会思考呢?

1. 让孩子明白思考的重要性

在培养孩子思考之前，应该让孩子明白为什么思考很重要，要在实际生活中让孩子体会到思考的好处。 孩子能体会到思考的乐趣和好处，就会喜欢思考。 孩子对自己所接触的事物有自己的判断，得出判断的结果就是孩子的思考过程。孩子独立思考的过程，就是他们成长的过程。

2. 鼓励孩子发表自己的意见

在一个宽松的环境下，孩子更容易启动思维，积极思考。 生活中，有些孩子往往不敢发表自己的意见，因为大人的权威让孩子心理上不能放松。 孩子在任何情况下都应当被允许表达意见，允许意见和大人不一致。 这对孩子思考能力的发展是至关重要的因素。

父母要鼓励孩子发表自己的看法，发挥独特的思考。 即便孩子说得不对，家长也不应该责怪孩子，要从另一个角度肯定孩子，然后给予孩子恰当的提示。

对于孩子的正确意见，家长应该给予鼓励，让孩子充满自信。孩子受到鼓励后就会积极主动地思考，这样也就达到了父母培养孩子思维能力的目的。

3. 保护孩子的好奇心

好奇心是引发思考的基础，是孩子的天性，孩子的学习兴趣往往是和好奇心联系在一起的。独立思考能力强的孩子，往往具有较强的好奇心。父母应该尊重孩子的好奇心，千万不要因为孩子提的问题过于幼稚就加以嘲笑，以免伤害孩子的自尊心。

好奇心是促使孩子去探索和思考的动力。作为家长，不仅要尊重、保护和正确引导孩子的好奇心，而且应努力激发他的好奇心，使孩子幼稚的好奇心发展为强烈的求知欲。对孩子提出的问题，要确切、通俗易懂、有条理地给以答复。这对培养孩子的想象力、思维能力有很大的帮助，使孩子强烈的求知欲和好奇心不至于泯灭，从小就能养成勤于思考、勇于探索的好习惯。

4. 给孩子创造思考的情境

父母向孩子提问，可以为孩子创造一个思考的情境。多角度的提问可以引发多角度的思考。例如，父母不妨假设，"假如世界上没有黑夜怎么办？""假如鱼儿长翅膀了会怎样？""假如世界上全是海洋，我们怎么办？"这样可以激发孩子的想象力。

父母在与孩子的相处和交谈中，要经常采用平等讨论的方式，留给孩子自己思考的余地，父母可根据交谈内容经常发问，如"你觉得怎么做会更好""你为什么会这么想"等问题，以引起孩子的思考。

总之，为孩子创造一个思考的情境，让孩子在平等的气氛中长大，才能有开放的思维、愉悦的心境，才能培养出创造性思维。

5.引导孩子思考，自己找到答案

让孩子学会思考是家长的责任。在生活中，孩子遇上难题时，一般都会向父母求助，一些孩子经常会说"妈妈，我不知道怎么做。""妈妈，你说怎么办吧！""爸爸，你帮我……"父母常常直接把完整的答案告诉孩子。慢慢地，孩子对父母的依赖越来越重，就懒得自己思考，完全依靠父母直接给出正确的答案。

要知道，每个孩子都有一定的独立思考的能力，当孩子向父母求助时，父母首先要鼓励孩子认真思考一下。当孩子真的想不出来的时候，父母可以逐步提示，引导孩子思考。在提示后，父母要给孩子足够的思考时间，不要因为孩子思考较慢，就不耐烦地否定孩子的答题能力，马上将答案告诉孩子。孩子答错了，可用提高性的问题帮助他们思考，启发他们自己去发现和纠正错误。

你要
做时间的主人

父母应从小培养孩子强烈的时间观念，告诉他们时间属于会利用时间的人。合理、有效地利用时间，就等于赢得时间，争取了学习和生活的主动。让孩子认识到时间的重要性，学会合理利用时间，这是生活中更重要的事情。

苹苹读三年级，在时间的分配上，没有太多的轻重缓急之分，经常是玩累了，才想起还有作业没有完成。爸爸经常督促她，但效果不好。

后来，爸爸发现，小区里有一个比苹苹小一岁的孩子，每当他没有完成作业，苹苹约他出来玩时，他都断然拒绝。于是，爸爸就在苹苹面前，用赞赏的话语夸奖那个小朋友懂事，有时间观念。"爸爸，我的时间不都是你安排好了的吗？"苹苹听出了爸爸的意思，不满地说。"你自己来安排学习时间，好吗？""真的？""当然了，但是时间是很容易逝去的，拥有时间的时候，最重要的是应该学会怎么安排和利用，你自己试一试吧！"

孩子心理过程的随意性很强，自我控制能力较差。常常是一边吃饭，一边玩耍；一件事情还没有做完，心里又想着另一件事情；做事总是杂乱无章，缺乏条理。这时候，父母如果不加注意，就会让孩子养成"拖拉"的坏习惯，久而久之，这种坏习惯会根深蒂固。对于孩子来说，如果他有良好的利用时间的习惯，他体现出来的能力也是超乎想象的。在合理利用时间上，我们每一个人都应该向富兰克林学习。

富兰克林是美国著名的科学家《独立宣言》的起草人之一。有人问他："您怎么能够做那么多的事情呢？而上帝并没有多给您一点儿时间呀！"

"我有自己的时间安排，你看一看我的时间表就知道了。"富兰克林答道。他的作息时间表是什么样子的呢？

5 点起床，规划一天的事务，并自问："我这一天要做好什么事？"

8—11 点，14—17 点，工作。

12—13 点，阅读、吃午饭。

18—21 点，吃晚饭、谈话、娱乐、回顾一天的工作，并自问："我今天做完了该做的事情吗？"

朋友劝富兰克林说："天天如此，是不是过于……"

富兰克林摆摆手，说："这已经是我的习惯了。你热爱生命吗？那么，别无谓的浪费时间，因为时间是组成生命的材料。"

学会安排自己的时间，并让这种安排成为你自己的习惯，你就会在成功的路上，多一道希望的光芒。一些父母把自己未来的期望寄托在孩子身上，这是一件很残酷的事情。其实，不如让他们自己做选择。学习是一个终身的过程，孩子将要不断地经历学习、工作、取得经验、再学习这样一个循环往复的过程。

当孩子不能很好地安排自己的时间，或制订的计划难以操作时，父母要给他一定的指导或建议，最好是和孩子一起制订，千万不能命令他、压制他。在时间安排方面，一定要提醒孩子，每天给自己安排玩的时间，或者是孩子自己特别想做的事情。有的父母认为，玩耍会影响孩子的学习成绩，这恰恰忽略了孩子的天性，所以结果往往适得其反。正所谓"玩得好才能学得棒"，孩子学会安排自己的时间，提高学习效率才是关键。

总之，父母要培养孩子自我安排时间的能力。孩子能够科学合理地安排自己的时间，就会为自己的日常活动提出独立的、不依附于父母或其他人的规则或标准，这样的孩子就是一个独立自主的孩子。

你要培养
阅读的习惯

　　高尔基说过"书籍是人类进步的阶梯"，而阅读则是开启孩子智慧之门的金钥匙。　阅读能让孩子开阔视野、陶冶情操，以达到提高学习成绩、增强学习能力的目的。　养成好的阅读习惯，孩子一生都将受益。

　　当我们审视那些成功人士的经历时，我们会发现他们之所以能够成功，是因为知识的力量在左右着他们的人生，而知识最重要的来源就是读书。　少儿时期是孩子读书的重要时期，更是人一生潜能发展的最佳时期，所以，父母要抓住关键时期，从小就培养孩子阅读的习惯。

　　孩子只有多读书，才能让自己的语言逐渐积累起来，才能提高口语表达能力和作文能力，才能出口成章。　叶圣陶先生曾经说过："小学生今天做某篇文章，其实就是综合表达他今天以前的知识、思想、语言等方面的积累。"叶老先生的话很明确地指出了写作与积累的关系：阅读多了，积累也就多了，作文的表达也就强了，语言自然也就丰富多了。　这些都要归功于阅读，因为孩子的书读得多了，就会把读过的知识内化为自己的语言，随着阅读量的增加，他的语言积累也就会越来越丰富，下笔自然也有"神"了。

并不是所有的孩子都喜欢读书，有的孩子觉得读书没什么乐趣，还不如去看电视或者是听音乐。小芳就是这样，她现在快小学毕业了，在学校成绩还算可以，属于中上等水平，虽然平时很少读书，但是她的口头表达能力非常强，亲戚朋友都说她是个聪明而且会说话的孩子。小芳平时不喜欢读书，只是经常坐到电视前看电视，说自己的口才都是从电视上学来的，读书不如看电视，看电视也可以增长知识，而且比读书更有乐趣。

现在，随着电子产品和网络的普及，很多孩子的阅读时间越来越少，阅读的范围越来越小，孩子的阅读兴趣也随着"读图时代"的来临而逐渐改变，甚至很多孩子都产生了排斥文字的心理，他们的课余时间逐渐被影像和游戏占据，文字阅读只占孩子阅读中的很小一部分。

现在很多家长也都发现了这个问题，他们呼吁学校要与家庭联起手来，共同改变孩子对文字疏远、冷漠的现状，培养孩子的阅读习惯，让孩子重新回归到正确的学习道路上。

课外阅读，可以让孩子走进一个神奇、美妙的图书世界，而且还可以学到课本上学不到的知识。一本好书，就是一个好的老师，不仅会让孩子学习到更为广阔的书本知识，更重要的是还可以让孩子从书中获得人生的经验。对孩子来说，不可能事事都去亲身体验，书中的间接经验，将有效地补充孩子经历的不足，为孩子的学习和生活增添新的感受，

还可以丰富孩子的想象力。

孩子在上学的时候想象力是最丰富的，而想象的过程又是孩子对大脑中已经存在的表象进行加工改造形成新形象的过程。因此，想象的产生离不开表象的积累，表象的积累又多来源于文学作品。一般来说，孩子可以从文学作品中积累各种各样的人物形象和景物形象，孩子的表象积累更快，更多，想象也就有了原料，联想起来更加容易。因此，阅读书籍可以大大提高孩子的表达能力，而文字没有固定的形象，孩子在阅读时，可以充分展开想象的翅膀，这也就是我们常说的"一千个读者心中就有一千个哈姆雷特"。

那么，家长该如何培养孩子的阅读习惯呢？

1. 做个爱看书的父母

身教重于言传，如果父母平时就有爱看书的习惯，孩子也会在无形中受到父母行为的影响，这样孩子的阅读习惯培养起来会更加容易。

2. 不要让电视代替了孩子的阅读

如果孩子一回家就坐在电视跟前，不仅会浪费很多时间，而且对孩子的眼睛也是非常不利的。孩子的眼睛处于发育阶段，如果发育受到影响，孩子的大脑也会变得只能接受变化快速的影像，缺乏思考和创造力。

3. 让孩子远离网络游戏

现在网络已经进入许多家庭，很多父母也能够认识到电脑的重要性，就时常把电脑、手机交给孩子，让孩子自己去研究。但是，由于这个阶段的孩子没有明确的学习目标，再加上许多父母不具备指导能力，这样，游戏、网上聊天就成了孩子们在网络上进行的主要活动。

作为父母，应该如何应对孩子的上网问题呢？第一，指导孩子多读书，让孩子有更多的选择，给孩子更多的娱乐方式，让孩子去发现，读书也是一种乐趣，从而避免孩子迷上游戏。第二，父母要多陪孩子看书，在陪孩子读书的时候，多为孩子选些有趣的书。第三，跟孩子约定好，只能在规定的时间内玩电脑，还有把电脑和读书联系在一起，从电脑中阅读。

4. 养成固定的每天读书的习惯

韩愈有一句治学名言："业精于勤，荒于嬉。"所以，要让孩子养成勤奋读书的习惯，"三天打鱼，两天晒网"是成不了大事的。阅读要靠一天天的积累，偶尔读上两天，效果极为有限，一定要帮孩子每天安排一定的时间读书，一直到养成习惯为止。

5. 有意识地给孩子设置一些问题

这样做可以让孩子利用书本上的知识回答问题，给孩子运用知识的机会，让孩子感受到读书的巨大作用。

6. 为孩子办一张借书证

借书证是孩子"读万卷书"的开始，有了这张小小的借书证，孩子就可以在课余时间去图书馆读一些自己喜欢的书了，图书馆是书的海洋、知识的宝库，孩子在这里吸取营养，同时也会养成"泡图书馆"的好习惯。

7. 在家里建立一个小的读书空间

在家里给孩子专门设置一个读书空间，一个简易的书房，是促进孩子阅读的一个重要步骤，同时也体现了父母对孩子阅读的重视。 而且，一个舒适、安静的读书环境，可以提高孩子阅读的兴趣和效率，促进孩子养成阅读的习惯。

高情商家教思维

1. 你是否认同"读书无用论"？ 为什么？

_____

_____

2. 你有哪些关于读书的好方法可以教给孩子？

_____

_____

3. 如何帮助孩子形成积极的学习动机？ （例如：树立远大的目标等）

_____

_____

4. 你的孩子是否有提问的习惯？ 爱提问对于孩子的学习过程有何积极意义？

_____

_____

5. 孩子不爱提问，可能是哪些原因造成的？

_____

_____

6. 养成阅读的习惯对于孩子有何好处？

_____

_____

PART

04

激励孩子
全方位培养自己的能力

◇ 你要勇于实现自己的理想 ◇

爸爸，我以后也要当个律师。

孩子会在接触各种新鲜事物的过程中自然而然地萌发自己的理想，父母应该充分支持孩子的合理理想。在孩子理想的萌发阶段，应该予以点拨和引导，而不应盲目扼杀孩子的理想，也不能揠苗助长。

好啊！我完全支持。但当律师可不容易，你要先好好学习相关知识。

◇ 你要做一个诚实的孩子 ◇

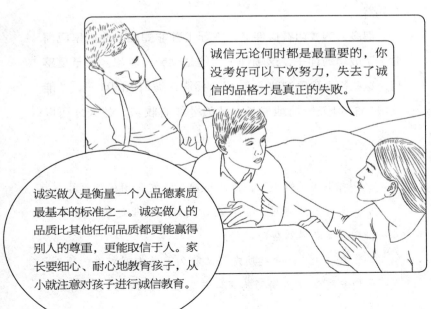

你要坚信
付出才会有收获

人们往往很容易看到别人收获之时的喜悦，却很少看到别人辛苦播种时洒下汗珠的艰辛。 其实，在这个世界上，没有人是可以随随便便成功的。 失败有偶然，但是成功永远没有偶然。

很多人的成功看似偶然，实际上并非如此，他们早已播撒下了成功的种子，这颗种子可能是勤劳、梦想，甚至是感恩，这些都是珍贵的种子。 只有播撒这类积极的种子，才能让成功在夏天悄悄地成长，秋天才能有收获，冬天才可以品尝。

有个孩子叫小禾，他从小就生活在贫困的偏远山区，生活条件非常艰苦。值得庆幸的是，那里的孩子经常会得到社会各界的帮助。

有一天，小禾和朋友们又收到了远方好心人的帮助，他们来到学校领捐助物资。与以往不同的是，这次没有现金资助，只有很多书。孩子们撕开包装盒，就拿着捐助的书回家了。

小禾拿着别人捐来的书，回家的路上就开始想，收到了别人的礼物，自己是不是应该给捐助人回一封信？晚上，小禾就写了一封感谢信，按照包装盒上的地址寄了出去。

原来捐助书的人是一位富商，这位富商曾经吃了很多苦，经过了不懈的奋斗才有了今天的成就，虽然他为那些山区的孩子们寄出了书，但是他不认为这些孩子应该理所当然地享受这一恩惠，而应当学会最基本的感恩。

他看出小禾懂得这样的道理，从收到小禾的那封信开始，就决定对小禾实行对口援助，帮助小禾走出大山，去创造一个辉煌的人生。其他的孩子也曾接受过这位富商的捐助，但是大多数孩子只是把这当作一种施与，并没有想到怎么去感恩，所以他们所接受到的捐助是有限的。

"种瓜得瓜，种豆得豆"。小禾播种了感激，才收获了更多。你春天播种了什么，秋天才能收获什么；春天播种得多，秋天才能收获得多。

同时，我们还要有勤恳的态度，因为收获的远比种植的多。农作物的果实要比播下的种子多几十倍，甚至几百倍，而这些收成是需要付出辛勤的汗水和努力的。

另外，你还要长时间地坚持。任何种子都不能一夜之间长出果实来。人们春天播种，秋天收割，在夏季还要付出艰辛的努力，浇水、施肥、锄草……这都是过程。

读书也是同样的道理。 你现在正处于人生的春季，正是播撒种子的大好时机，如果你努力读书，你就可以顺利升入高中，然后去学习更多的知识，经过努力再考入大学继续深造。 你学有所成的那一天，便是你真正收获的季节，你才可以品尝到成功的果实，才有可能拥有一个辉煌的人生。

你要有
自己的奋斗目标

1984 年，在东京国际马拉松邀请赛中，名不见经传的日本选手山田本一出人意料地夺得了世界冠军。人们都很好奇：他凭什么取得如此惊人的成绩？记者请他谈经验，性情木讷的山田本一只说了这么一句话："凭智慧战胜对手。"记者认为这个偶然跑到最前面的矮个子选手在故弄玄虚，马拉松需要靠体力和耐力才能夺得冠军，说用智慧取胜，好像太牵强了。

两年后，意大利国际马拉松邀请赛在米兰举行，山田本一再次代表日本参加比赛。在异国他乡，他又压倒了所有的对手获得了世界冠军。记者采访他，山田本一不善言谈，他的回答依然还是那句话："用智慧战胜对手。"这次，记者没有在报纸上挖苦他，但对他所谓的智慧仍旧迷惑不解。

10 年后，这个谜终于被揭开了，山田本一在他的自传中做了如下解答：起初，我把我的目标定在 40 多公里外的那面旗帜上，结果我跑到十几公里时就疲惫不堪了，因为我被前面那段遥远的路程给吓倒了。后来，在每次比赛之前，我都要乘车把比赛的线路仔细地看一遍，并把沿途比较醒目的标志画下来，比如第一个标志是某家银行；第二个标志是一棵大树；第三个标志是一座漂亮的红房子……一直画到赛程的终点。比赛开始后，我就以百米冲刺的速度奋力地朝第一个目标冲去，等到达第一个目标后，我又以同样的速度向第二个目标冲去。40多公里的赛程，就这样被我分成这么几个小目标轻松地跑完了。

成功的秘诀是不停顿地向每一个目标前进。目标是人生的指南针，指引着人们前进的方向。如果一个人没有目标，就会像一艘轮船没有舵一样，只能随波逐流，最终搁浅在绝望的海滩上。但是，不知道你有没有想过，如果盲目制定不合理的目标，不仅不会促使我们走向成功，反而会让我们失去追求的兴趣和斗志，离成功越来越远。也就是说，我们要把宏伟的目标分成几个合理的小目标，脚踏实地地一一去实现，这样就会一步步地走向成功。

每一次的成功和收获都需要经过大量的努力和代价来实现。如果你害怕失败而不敢迈出第一步，那么你就永远不会成功。迈出了第一步，再勇敢地迈出第二步，第三步……我们终将收获丰硕的果实。

所以，无论做什么事情都要坚持到底，就像下面这个故事。

武汉有20多名中学生在一位大学教授的指导下，经过3年的努力完成了一份同心幻方表，并找出了其中的规律，总结出了"同心幻方最新简明构造方法"。

　　这个过程是非常艰辛的，但是他们用不间断地努力完成了。从确立这个目标开始，同学们几乎每天都到教授家会合，尝试各种方法，最后终于从"银河系天体分布规律"中受到启发，找到了一种解决世界级难题的新方法。

　　在这个过程中，小组的成员从来没有放弃过探索，而且每个人都保持着同样的严谨精神。其中的一个中学生说，自己如果填错一个数据就会给后面继续填写的同学带来麻烦，甚至让整个工作功亏一篑。于是他非常小心，并且养成了认真做事的好习惯。他平常在做数学题时也很仔细，这让他在考试中避免了不少丢分现象。

　　最后他们的成果还得到了中科院有关专家的肯定，中科院武汉物理与数学研究所的两位研究员认为，这些中学生的研究和已有的文献相比，他们给出的方法更加简明有效。

　　这就是持续努力的力量，可想而知，这种探索尝试的工作量是巨大的，而且在探索过程中会遇到各种想象不到的困难，如果这些学生中有一个人放弃探索，可能就会影响整个填写工作的进程，如果有几个人放弃，那么这项工作就有可能搁浅。值得庆幸的是，他们当中没有一个人中途放弃，而他们坚持不懈的努力也终于换来了丰硕的成果。

在孩子的成长过程中，应努力做到以下几个方面：

1. 把大目标分成多个小目标，然后一个一个去实现

正如爬山一样，爬上山顶是一个大目标，但是眼中如果只盯着这个大目标，可能就会感觉目标遥远，实现起来有些困难，如果把山上的一棵树或者一个大石块当作一个个的小目标，然后坚持不懈地去实现这些小目标，那么登上山顶就感觉比较容易了。

2. 要有具体的行动规划

没有规划的人，就如同没有航线图的航行者，不知身在何方，目的地在何处，即使非常忙碌，也不会有什么成效。一个整体的规划可以让你的头脑里有一个清晰的蓝图，然后根据这个蓝图制定出具体的行动计划，从而让你的行动更科学、更有效。

你要做
一个诚实的孩子

　　教育孩子做人，其实就是培养孩子良好的品格，让孩子做一个好人。 如果父母疏忽了对孩子品格的培养和教育，孩子在成长的过程中就会养成一些不良的习惯，这些习惯将直接影响孩子的一生。

　　诚实守信就是影响孩子品格的一种习惯。

　　教育实践家冯恩洪曾经说过： "我们的教育要教会孩子什么？ 学会做人比学会做学问更重要，要引导孩子先学会做人，然后是做学问。"

　　教育孩子首先要让孩子先学会做人，孩子才会很好地去做事、学习、与人交流。

　　本杰明·鲁迪亚德曾经说过： "没有谁必须要成为富人或成为伟人，也没有谁必须要成为一个聪明的人，但是，每一个人必须要做一个诚实的人。"

　　中央电视台曾经邀请微软公司高级副总裁李开复做

客《对话》，在节目中，主持人请李开复按微软聘用员工的标准给以下要素排序：诚信、创新、智慧。李开复毫不犹豫地把"诚信"排到了第一位，同时，李开复向大家讲述了一次难忘的经历。

"我曾经面试过一个应聘者，这个应聘者无论是在技术上还是在管理上都是一流的水平，也很让我满意，在我跟他的交流中，他提出，如果他能够被录取，那么，他可以把原公司的一项发明带到这里。当他提到这件事的时候，我心里想，这个人无论再怎么优秀，我一定不会录取他的，因为他连最起码的职业道德和最基本的做人准则都没有，将来如何在我的公司工作？"

李开复所说的最起码的职业道德和最基本的做人准则就是——诚实。

罗赛尔·赛奇说："坚守信用是成功的最大关键。"一个人要想赢得他人的信任，一定要守信用。

在美国，有一个孩子的父亲去世了，留下了一笔债务，这个孩子并没有因为父亲的去世就逃避这些债务，而是逐个地去拜访这些债主，希望他们宽限还期，并保证自己将替父亲还清所有的债务。债主们看到这个孩子如此负责和诚实，都非常同情他的遭遇，纷纷表示可以延期归还。

这个孩子通过自己二十多年的努力，把欠下的债都如数还清了，没有落下一分钱。很多人知道了这件事后都非常感动，也被这个孩子诚实守信的品格所打动，面对这样一个讲信用的人，很多企业都来找他，寻求与他的合作，后来，这个孩子取得了巨大的成功。

诚实做人是人性最基本的优点，也是衡量一个人品德素质的最基本的标准。 世界上最值得信赖的不是那些满腹经纶的人，也不是那些满身铜臭味的人，而是那些最诚实的人，哪怕是个不起眼的平民，只要是一个诚实的人，走到哪里都显得那么伟大。

诚实做人的品质比其他任何品质都更能赢得尊重，更能取信于人。 诚实是立身之本，是一个人最宝贵的财产，它能让孩子挺直脊梁、光明磊落地做人。

父母们都不想看到自己的孩子整天撒谎，都希望自己的孩子养成诚实做人的习惯，但是，许多孩子却是说的一个样，做的另一个样；当面一个样，背后另一个样。 面对孩子的这种行为，许多父母是既生气又着急，对孩子不停训斥甚至是惩罚，但是，这种方法有时却促使孩子更容易撒谎了。

每个孩子爱撒谎的行为都不是天生的，而是在后天的生活中由于某种需要引起的，比如孩子在学校受到了批评，回家后不敢跟父母说；孩子为了买一些零食吃而编造出很多以学习为理由的话……从心理学来看，孩子的道德意识和道德行为的发展是相辅相成的，道德意识决定着道德行为，道德行为又反过来体现着道德意识。 因为孩子的认识水平还不能够与道德行为同步发展，所以才会出现孩子的认识和行为脱节的情况，这也是很多孩子意识不到撒谎的后果，不能总结教训，改变自己撒谎毛病的原因。 有时候，孩子也能够意识到自己的所作所为是不对的，但是因为自己的意志力不够强，自控能力弱造成他们说话不算数，答应人家的事却又做不到。

为了改变孩子不诚实的毛病，加强孩子的意志力和自控力，家长要细心、耐心地教育孩子，对于孩子经常出现的为了某种需要而撒谎，或者是言行不一、不履行诺言的行为，家长应该多从孩子的认识发展方面出发，而不要一发现孩子有了不诚实的行为就认为孩子道德败坏，对孩子又打又骂，这样不仅起不到教育孩子的作用，而且还会造成孩子性格扭曲。 如果父母从小就注意对孩子进行诚信教育，孩子是可以养成这一良好习惯的。

那么，家长应该怎样来培养孩子诚实做人的习惯呢？

1. 父母给孩子树立好榜样

要让孩子养成诚实做人的习惯，父母自己诚实守信是必需的，以自己的诚实做人培养孩子诚实做人，效果非常好。

我国古代著名的思想家曾子，就非常注重对孩子诚实品质的培养。一天，曾妻要出门买菜，儿子非要跟着一起去，曾妻嫌带着孩子不方便，就想让孩子在家待着，可是孩子不听话，非要跟着一起去，曾妻为了安慰孩子，就对孩子说："好儿子，你别哭，你在家里等着，妈妈回来杀猪给你炖肉吃。"儿子听说有肉吃，就答应留在家里。曾子把这一切看在眼里，记在心里。

当曾妻买菜回来时，看到曾子正在石头上磨刀，曾妻就问曾子："你磨刀做什么？"曾子说："杀猪啊，把刀磨快点好杀猪给儿子炖肉吃。"曾妻大吃一惊说："我那是为了哄儿子高兴，随口说说的，你怎么能当真呢？"

　　曾子听到妻子的话也感到很吃惊，他说："怎么能这样呢？答应孩子的事就要做到，如果父母说话不算数，那怎么教孩子长大后诚实做人呢？"曾妻听了后，无言以对，只能把猪给杀了，给儿子做了一顿香喷喷的炖肉。

　　曾子的做法深深影响了儿子。一天晚上，刚刚睡下的儿子，突然从床上跳了下来，从桌子上拿起一本书就跑了出去，曾子看到后，一边追儿子，一边说："大半夜的，你拿着书要去哪儿？"儿子一边跑一边回答："这本书是我从朋友那里借来的，今天到了还书的日子了，我刚刚才想起来，虽然已经很晚了，但说好了今天还书，就要今天还书，我不能言而无信啊！"曾子看着儿子跑出门，开心地笑了。

　　"人无信不立"，在生活中，为了培养孩子诚实守信的习惯，父母一定要做好榜样，这样才能给孩子创造一个好的环境，促进孩子养成诚实守信的习惯。

　　2. 消除孩子的恐惧心理，避免孩子说谎

　　著名哲学家罗素说："孩子不诚实几乎总是恐惧的结果。"可以说，很多家长都教训过孩子，不管是打也好，骂也好，都会使孩子对父母产生恐惧心理。孩子说谎也许是因为本身需要安全感，为了不让父母责备或者打骂，才做出了一些不诚实的行为。 如果父母能够给孩子安全感，孩子就会诚实起来。 对于说谎的孩子，威胁或强迫他承认错误都是不正确的方法，父母最好能冷静、严肃地与孩子谈谈。 孩子承认错误以后，父母一定要称赞孩子的诚实表现，比如说："虽然你做错了事，但是你勇敢地承认了错误，说出了事情的真相，还是一个诚实的好孩子，我们还是喜欢你的，以后，你一定要做一个诚实的好孩子啊！"

3. 多暗示，少批评

在生活中，父母们看到诚实的孩子，总会竖起拇指大加夸奖，在电视中看到诚实的孩子，也要禁不住夸上几句，当孩子在身边的时候，父母要抓住这些机会，多暗示孩子向这些诚实的孩子学习。

当孩子小的时候，父母要讲一些关于诚实的故事给他听，暗示加鼓励，让孩子从小就做一个诚实的人，像故事和电影里那些诚实的孩子一样。 当孩子做错事了，也不要急着批评孩子，尽量少用一些诸如"你要说实话""你说的是真的吗""你要是骗我，回家非打你不可"等负面的话来吓唬孩子，否则就会在孩子心理上种下一个说谎的种子。 所以，家长要经常用正面暗示的方法去激励孩子，少用或不用负面暗示去刺激孩子说谎。

4. 试着找找孩子撒谎的原因

如果你的孩子已经到了能够分辨是非的年龄，但是他还是经常撒谎，那么，做父母的就要多关注孩子，找一下孩子撒谎的原因。

很多父母都觉得，孩子撒谎是因为孩子太随便，认识不到撒谎的严重后果。很多时候，是孩子做错了事，怕父母惩罚自己才撒谎的，撒谎一次，逃避了父母的惩罚，孩子尝到了甜头，以后孩子一旦做错了事，就会撒谎，慢慢地，不但没有学会诚实做人，反而养成了撒谎的习惯，所以，作为父母，有时候是不是也要反省一下自己？

5. 发现孩子错了，应及时纠正他的错误

想让孩子完全不撒谎是不可能的，有时孩子撒谎不一定是坏事，当然，这不是说要放松对孩子的教育，鼓励孩子撒谎，但是，作为父母要学会分析孩子撒谎的真正原因。当明白孩子为什么撒谎后，要及时加以调整和改进，在以后的生活中，一旦出现类似的情况，父母要提醒孩子，不要再撒谎，要做一个诚实的人。同时父母也要勇于面对自己在教育孩子过程中出现的问题，要有信心帮助孩子培养起诚实的习惯。

6. 给孩子制定一些要求并严格执行

在生活中，为了更好地培养孩子诚实做人的习惯，就要给孩子制定一些要求，比如说：借了别人的东西，说好了什么时候还，就一定要什么时候还给人家；不是自己的东西不能随便带回家；答应别人的事情，就一定要做到，如果确实有原因做不到，要提前向别人说明；别人的东西，如果没有征得本人的同意，不要随便碰、随便拿；如果自己做错了事情，一定要如实地讲出来，大胆地承认错误。 一这些原则一经提出就要严格执行，不能朝令夕改，并要重视克服"第一次"出现的问题。 对执行规则，家长要态度坚决，切记不可迁就、姑息。

培养孩子诚实的习惯不是一朝一夕就能做到的，不仅需要孩子自身的严于律己，更需要家长和教师以及相关人员的共同努力。 作为父母，我们有责任把孩子培养成一个诚实的人，千万不要以为孩子小不懂事，长大以后再严要求，要知道改造一个坏习惯比塑造一个好习惯要难得多。

英语考试时，天空阴沉沉的。考完走出教室，小健的脸上也布满了阴霾，他觉得自己考砸了。

"上次英语得了 63 分，上帝保佑，这次无论如何都要让我及格，好向老爸老妈交代！"小健默默在心里祈祷着。

真是"怕什么就来什么"，第二天，成绩单下来了，小健的英语只得了 58 分。

"怎么跟老爸老妈交代呢?"在回家的路上，小健一直在思考这个问题。

考前，妈妈鲁莹向小健承诺，只要这次英语考试成绩有进步，就给小健买一双他盼望已久的溜冰鞋。小健叹了口气，现在不仅不好向老妈交代，老爸那里也不好交代！要是他们知道自己英语不及格……

小健把自行车停在路边，拿出成绩单，思考着回家后如何向老爸老妈解释这个"58"。看着看着，突然，小健觉得老师写的这个"58"很有艺术性，于是，他"灵机一动"，小心地将"58"改为"88"。

回到家里，小健将成绩单递给妈妈。妈妈一看到分数"88"，脸上露出了笑容，她马上把成绩单递给了小健的爸爸，"快看，小健这次英语得了88分！"

爸爸问小健："小健，你上次英语考试是多少分？"

"上次是63分。"小健老实回答。

"好小子，进步不少！"韦奇很高兴，顺手从钱包里抽出几张一百元的钞票给小健，说："给你做奖金！"

小健很高兴，但还继续向妈妈要溜冰鞋，妈妈连忙说吃了晚饭就去买。

然而，好景不长。第二天，班主任刘老师给鲁莹打电话，说小健这次英语考试不及格，请家长今后多督促，配合老师的教学，等等。

真相被揭开了，爸爸很生气，拉过小健要揍他。

这时妈妈护住了小健，对爸爸说："这才多大点事儿？再说了，现在社会上有几个人是说真话的？"

对于孩子来说，诚实是一件大事，绝不像文中妈妈说的那样只是件小事。家长不能放任孩子，让他们养成弄虚作假的习惯。家长必须培养孩子诚实的品质，因为孩子长大以后还要走向社会，走向职场！

人的一生，必须与其他人有交往，很少有人能够独立生存，做到与他人"老死不相往来"，因此，每个人都有责任为自己建立良好的人际关系。 要建立起良好的人际关系，做人就必须诚实，如果没有诚实的品格，就没有人愿意与之交往。 诚实对于现代人而言，可以说是"第二生命"。 因此，家长有责任在家庭教育过程中培养孩子诚实的品格。

撒谎是孩子成长过程中常见的问题，甚至可以说，很少有孩子没撒过谎。 但是多数家长都不会想到：孩子撒谎是被家长逼的！

一般来说，孩子撒谎最常见的理由有三种：一是害怕家长惩罚；二是觉得自己做错事了，怕丢脸；三是仗义，袒护朋友。 因此，孩子撒谎并不一定是他们的品质中掺杂了劣质的东西，也不意味着他们已经变成了不可救药的"问题少年"。 他们之所以要撒谎，大多是因为他们不知道还有什么办法能帮他们解决眼前的困境。 因此，家长遇到小健这种情况，一定要认真分析，不要轻易地给孩子贴上"问题少年"的标签，更不要轻易地将这种行为定性为"品德败坏"，从而给予严厉的惩罚。

如果文中的爸爸妈妈属于高情商的父母，当他们发现小健撒谎时，既不会给小健一顿痛打，也不会对这件事轻描淡写，而是会巧妙地运用"情商四步法"：

第一步，发挥情商中识别感情能力的作用。 当文中的爸爸妈妈发现小健撒谎后，先要问小健是否涂改了分数，当小健承认后，他们要向小健表示自己理解他的感受。 更为重要的是，爸爸应及时识别自己的感情，将"严厉惩罚小健"的念头进行调整。 严厉的惩罚并不能帮小健认识和改正错误，只会适得其反。

第二步，发挥情商中理解感情能力的作用。 尽管小健涂改分数的行为是错误的，但文中的爸爸妈妈还是要向小健表示自己的同情。 这种同情并不代表他们认同或宽恕小健的行为，只是表示他们理解小健的感受。 这时，如果文中的爸爸妈妈告诉小健，自己也曾经犯过同样的错误，那效果会更好。

　　第三步，发挥情商中利用感情能力的作用。 文中的爸爸妈妈应将自己的真实感受告诉孩子，比如认为改分数是种错误行为，为人不诚实将来会被所有人看不起，等等。 这时家长若用尊重的态度和真诚的语气跟孩子交流，那孩子肯定愿意说出自己的内心感受。

　　第四步，发挥情商中调整感情能力的作用。 爸爸妈妈在与小健交流时，可以问小健对再出现这类问题有什么想法、打算怎么办以及如何避免将来再出现类似的问题，等等。 如果小健没有想法，那文中的爸爸妈妈就可以给他提一些建议，总之，要帮助小健解决认知上的问题。

你要做
一个守信的孩子

爱默生曾说过一句话："人类唯一的责任就是对自己真实，这不会使他孤立，而会将他带进一个真理的领域。"古往今来众多实践证明，诚信是发现真理的前提和基础，没有诚信这个美德的支撑，真理就难以得到实现，人类也不能取得真正的进步。

诚信即诚实守信，也就是坦诚地面对自己、面对他人、不违背自己的诺言、不欺骗他人。有关资料表明，随着孩子年龄的增长，他们的情商会得到一定的提高，但是诚信这种品质却不然。研究人员指出，孩子7岁左右几乎都认为撒谎是不对的，75%的孩子说自己从来没有撒过谎。但是到了10岁时却只有20%的孩子认为撒谎是不对的，但没有人说自己从来没撒过谎。

李慧是个六年级的孩子，父母对她管教很严格，为了逃避责骂，她学会了撒谎。李慧以前的学习成绩一直不错，每次都是第一。可是四年级的一次期中考试，她却只得了第三名。

回到家后，神情沮丧的李慧如实把自己的考试成绩告诉了父母，没料到父母不但没有安慰她、鼓励她，反而嘲笑她，还训了她一晚上。后来，在一次单元测试中，李慧又没有取得好成绩，但是她骗父母说自己考了100分，父母居然相信了，还大大地夸奖了她。

从这两次经历中，李慧得出一个结论，诚实会受到责备，但是撒谎却可以带来夸奖。

一个诚实守信的人才值得他人信赖，才能因此得到更多的发展机会。 但是现在许多孩子为了虚荣、面子或者逃避责罚，竟抛弃了这个立身之本——诚信。 一个孩子如果不能诚实地面对自己，刻意地隐藏自己的缺点和不足，不仅会让自己深受其累，也难以取得他人的信任。 一个孩子如果不能信守自己的承诺，便会失信于人，次数多了，就没人敢接近他，相信他。

诚信是每个孩子立于社会，获得更好生活的基础。 与超群的智商相比，诚信的品格才是最宝贵的。 因此，父母应该把孩子努力培养成为一个诚实守信的人，这样才能使他更好地认识自己，取信他人，才能使他更愉快地生活在这个世界上。

1.帮孩子树立诚信意识

诚信是指孩子能够诚实地面对自己，主动地承担责任，信守对他人的承诺。 一个没有诚信意识的孩子难以意识到自己的错误，更不可能主动承担自己的错误行为引起的责任。这样的孩子难以取信于人，更难以立足于社会。

> 琪琪今年6岁。有一天，她和小伙伴约好晚上6点在小区花坛玩皮球。5点多的时候，天下起了大雨，一直到6点都没有停。
>
> 父母看了看墙上的表，已经6点了，便问琪琪："怎么还不去花坛呢？"琪琪满不在乎地说："下这么大的雨，他们也不会去的，我去了也是白去。"父母又问她："那你们说好要是下大雨就不去了吗？"琪琪摇摇头，父母从屋里取出雨伞说陪她去。
>
> 当她们打开房门时，发现那个小伙伴正站在门口，她笑着说："我是过来告诉琪琪取消活动的。"事后，父母问琪琪："你现在是不是比以前更喜欢你的小伙伴了？"琪琪点点头，父母笑着说："看看，这就是诚信的魅力。"

父母应该通过生活中的小事帮助孩子意识到诚信的重要性，让孩子思考信守承诺的小伙伴和不信守承诺的小伙伴在朋友圈子中的受欢迎程度等，以此帮助孩子树立起诚信的意识。

2. 及时赏识孩子的诚信行为

对于孩子的诚实守信行为，父母要及时地进行表扬，肯定他的行为。 父母应该明白诚信的品德比任何学习成绩和成就都要重要。 学习成绩和个人的成就是孩子独自打拼的结果，而如果孩子拥有了诚信的品质，那么就相当于拥有了众多的帮手为他提供各种帮助。

对于孩子的诚信行为，父母要记得表扬，例如孩子做错了事情，敢于向父母承认，这就是一种诚信的表现，不论事情多么严重，也不管父母是否决定给他一点惩罚，首先都一定要肯定他承认自己错误的这种行为。

3. 鼓励孩子勇于承担责任

诚信也意味着要敢于承担自己错误行为所引起的责任，敢做敢当。 许多孩子不愿意承认错误，是因为他们害怕承担责任，但是要成为一个诚信的孩子，他必须学会承担责任。

芷卉今年 10 岁，是个很讲诚信的孩子。从小妈妈就对她说："一个人无信则难以立于社会。做错了事情一定要敢于承认。"芷卉有些不屑地说："妈妈，如果承认自己做错事情了就要接受惩罚，那么谁都不想接受惩罚的，对吗?"

妈妈笑着说："不，那不是惩罚，那是你必须承担的责任。只有敢于承担自己错误行为引起的责任，这才是诚信的孩子。你想做一个诚信的孩子吗?"芷卉点了点头，笑着对妈妈说："嗯，我要做一个诚信的孩子。"

父母平时在生活中应该注意培养孩子承担责任的良好习惯，例如孩子把碗打碎了，父母可以让他自己去打扫碎片丢到垃圾桶里，再去买一个新的回来。 通过这些简单的行为，孩子慢慢就学会承担责任了。

4.多给孩子讲诚信的故事

古今中外的那些名人，都具有诚信的良好品质。 他们的诚信故事流传至今，是培养孩子诚信品质的最好教材。

飞风今年上三年级，有个特别要好的朋友。一次，他与朋友约好去学校附近的公园里读书。但是那天，飞风三年未见的叔叔从国外回来了，父母准备去机场迎接他。叔叔很疼爱飞风，因此他有些动摇了，想取消与朋友的约会。

这时候，爸爸便告诉他："还记得爸爸给你讲过的宋庆龄女士的故事吗？她拒绝父母的要求，坚持留在家里等那个约好的小伙伴，即使那个小伙伴可能失约，她也表示自己绝不能失约。"飞风听完后，便放弃了去接叔叔的念头。

父母可以多给孩子讲一些名人诚信的故事，让他们在这些故事中慢慢体会到诚信的魅力，利用这些人物的榜样作用，激励他们做出诚信的行为，培养他们诚信的良好品质。

5.纠正孩子的撒谎行为

孩子之所以撒谎，很大一部分原因就是不愿意承担自己错误行为所引起的责任或为了得到某种好处。 撒谎是一种极不诚信的表现，因此，对孩子的撒谎行为，父母一定不能纵容和姑息，而应该及时纠正，帮助他们养成诚信的良好习惯。

你要做一个
干脆利落的好孩子

　　孩子拖沓的习惯并不是性格问题，而是为了应付家长过度地控制产生的一种无意识的反应。家长应该注意自己的言行，放弃对孩子的过高要求，给孩子制造一个轻松的环境。

　　孩子拖沓的原因可能是多方面的，如果和孩子自身有关，那么父母就要多了解孩子，积极寻求解决之道，例如，有的孩子睡眠不够，精神不济就会导致动作慢。孩子不会收拾东西，要用某些东西的时候找不着，常常耽误时间，父母应该教会孩子整理东西，摆放整齐，让空间有秩序。父母还应该提醒孩子守时，凡事提前做好准备，让孩子能够顺利地完成生活和学习的任务。

　　如果孩子的拖沓和父母有关系，父母应该检讨自己的行为，要反思自己的行为是否对孩子起到不好的影响。首先，很多孩子都是由家长精心照料，各种大小事情都由大人代劳，就习惯性地形成了对家长的过分依赖，即使是面对一些需要自己完成的事情，也会不紧不忙地磨蹭着，等待家长的援助之手。 父母必须让孩子远离对父母的依赖，不能因为看孩子做得慢就代替孩子动手。 其次，父母也会因为疲倦或懒惰而做事拖延时间，吃饭的时候不专心吃饭，要么看电视，要么看报纸。 这些行为对孩子的影响很大，孩子可能也会养成注意力不集中、办事拖沓的不良习惯。

此外，有些父母对孩子要求太多，孩子就会产生抵抗心理，但是由于父母太强势，孩子又不能直接反抗，就表现为做事拖沓，表面上在做大人要求做的事，实际上做的却是自己喜欢做的事。

找出孩子做事拖沓的原因后，才能对症下药，从而纠正孩子的行为。

那么如何对待孩子的拖沓行为，并且做出正确的反应呢？

1. 帮孩子认识时间的价值

孩子做事磨蹭，很大程度上是因为他还没有建立时间观念，因此，培养时间意识对磨蹭的孩子来说是至关重要的。家长要使孩子认识到时间是世界上最宝贵的财富，想办法让孩子明白珍惜时间就是珍惜生命的道理，可以给孩子讲一些古往今来的成功人士珍惜时间的故事，还可以在孩子的卧室里张贴一些名言警句来提醒孩子。

2. 多一些鼓励和奖赏

表扬和鼓励比批评和指责能更有效地激发孩子的积极性，孩子受到的表扬越多，对自己的期望也就越高。 "你现在比过去进步多了""做得真棒，加油啊""你表现得真好"等，孩子受到正面的外部刺激，为了不让父母失望，做事就会更积极。 孩子有了很大的进步时，父母还可以适当地给予一些物质奖励，比如给孩子加一个小红星，带孩子外出游玩，给孩子买他想要的玩具等。 用鼓励和奖赏的方式比指责和催促的效果更好。

3. 让拖沓付出代价

孩子只有在体会到拖沓会给自己带来损失之后，才能够自觉地快起来，因此，让孩子为自己的拖沓付出代价，让孩子自己去品尝拖沓的自然后果，不失为一个改掉拖沓坏毛病的好方法。 比如说孩子早晨起床后磨磨蹭蹭的，家长不要急，也不要去帮他，可以提醒孩子一下。 让孩子亲身体验上学迟到的后果，孩子挨了批评后，就会认识到拖沓给自己带来的害处，几次以后孩子自然就会自己加快速度。

4. 消除分心因素

拖沓的孩子做事情时往往注意力不集中，因此，家长一定要注意将那些容易使孩子分心的诱因排除掉，使孩子能够一心一意地专注于正在做的事情上。 比如，在孩子学习时，家长应当尽量给他创造一个较为安静的、不受干扰的学习环境，不要时不时地在孩子身边走来走去，即使是在做家务也要尽量防止发出很响的声音。

5. 帮助孩子树立自信

拖沓不是一成不变的，也不是性格缺陷，不能代表一个人的性格特征。 家长应该记住，这是一个可以改变的习惯。孩子的自信心很重要，父母不能打击孩子的自信，多鼓励他还会使他提起精神去改善，而且还会越做越好，并能提升做事情的兴趣。 比如，父母可以跟孩子竞赛，看谁做得好做得快。

你要有
今日事今日毕的习惯

明代书画家文徵明次子文嘉所做的《明日歌》《今日诗》和《昨日谣》激励了数代国民，正所谓"明日复明日，明日何其多！ 我生待明日，万事成蹉跎。 世人皆被明日累，明日无穷老将至。 晨昏滚滚水流东，今古悠悠日西坠。百年明日能几何？ 请君听我《明日歌》。"

一寸光阴一寸金，寸金难买寸光阴。 身为父母，一定要在孩子小的时候就开始灌输珍惜光阴的思想和理念，不给他们形成"明天再说"的浪费光阴的不好习惯的机会。 使他们将来"每当回忆往事的时候，能够不因虚度年华而悔恨，不因碌碌无为而羞耻。"

朱自清在《匆匆》一文中曾写道："洗手的时候，日子从水盆里过去；吃饭的时候，日子从饭碗里过去；默默时，便从凝然的双眼前过去。 我觉察他去的匆匆了，伸出手遮挽时，他又从遮挽着的手边过去，天黑时，我躺在床上，他便伶伶俐俐地从我身上跨过，从我脚边飞去了。 等我睁开眼和太阳再见，这算又溜走了一日。 我掩着面叹息。 但是新来的日子的影子又开始在叹息里闪过了。"

这篇文章中流露了对时光流逝的感慨，正所谓："逝者如斯夫，不舍昼夜！"珍惜时间是每个人必须要尽力做到的事情。

古往今来，凡是有所成就者，无不是珍惜时光的楷模。

西汉时候，有个农民的孩子叫匡衡。他小时候很想读书，可是因为家里穷，没钱上学。后来，他跟一个亲戚学认字，才有了读书的能力。

匡衡买不起书，只好借书来读。那个时候，书是非常贵重的，有书的人不肯轻易借给别人。匡衡就在农忙的时节，给有钱的人家打短工，他不要工钱，只求人家借书给他看。

过了几年，匡衡长大了，成了家里的主要劳动力。他一天到晚在地里干活，只有中午休息的时候，才有工夫看一点书，所以一卷书常常要十天半月才能够读完。匡衡很着急，心里想：白天种庄稼，没有时间看书，我可以多利用一些晚上的时间来看书。可是匡衡家里很穷，买不起点灯的油，怎么办呢？

有一天晚上，匡衡躺在床上背白天读过的书。背着背着，突然看到东边的墙壁上透过来一线亮光。他猛地站起来，走到墙壁边一看，啊！原来从壁缝里透过来的是邻居的灯光。于是，匡衡想了一个办法：他拿了一把小刀，把墙缝挖大了一些。这样，透过来的光亮也大了，他就凑着透进来的灯光，读起书来。后来他成了一个大学问家。

现代社会已经不可能再出现"凿壁借光"的案例了，形式可以不同，但本质是相同的，无论是现今的还是古代的有识之士都必然是珍惜时间、珍爱光阴的智者，只有这样才能真正走向成功！

　　有人说，时间像海绵里的水，只要肯挤，总是有的。这是对于那些不珍惜时间的人而言，珍惜时间的人都觉得人生很短暂，时间很有限。

　　仔细算来确实，一般人一生有效工作时间只有 1 万天。按我国每天 8 小时工作制来算，有效工作时间仅仅是 8 万小时。

　　因为每周工作 5 天，每年 52 周，则为 260 天，去掉节假日，实为 250 天。

　　若按 20 岁参加工作，60 岁退休计算，则一生工作 40 年，合计为 1 万天。

　　那么孩提阶段用于学习的时间是多少呢？

　　如果从 1 岁开始学习到 20 岁，那就是 20 年，共计 5 千天，4 万小时。

　　两者相加，人这一辈子，有效学习和工作时间才 15000 天，12 万小时，720 万分钟，4320 万秒。

　　这确实是很有限的，尤其是面对信息量极大的现代社会，古往今来的圣贤名人尚且十分"苛刻"地对待自己的时间，今时今日的人们就更不应该将"明天再说"挂在嘴边了吧。

　　爱迪生就是一个"痛恨时间太少的人"。爱迪生从小就对很多事物感到好奇，而且喜欢亲自去试验一下，直到明白了其中的道理为止。长大以后，他一心一意做研究和发明的工作。他在新泽西州建立了一个实验室，一生共有电灯、电报机、留声机、电影机、磁力析矿机、压碎机等总计两千余项发明。 爱迪生对改进人类生活方式，做出了重大贡献。

"浪费，最大的浪费莫过于浪费时间了。"爱迪生常对助手说。 "人生太短暂了，要多想办法，用极少的时间办更多的事情。"

一天，爱迪生在实验室里工作，他递给助手一个没上灯口的空玻璃灯泡，说："你量一量灯泡的容量。"他又低头工作了。

过了好半天，他问："容量多少？"他没听见回答，转头看见助手拿着软尺在测量灯泡的周长、斜度，并拿了测得的数字伏在桌上计算。 他说："时间，时间，怎么费那么多的时间呢？"爱迪生走过来，拿起那个空灯泡，向里面斟满了水，交给助手，说："里面的水倒在量杯里，马上告诉我它的容量。"

助手立刻读出了数字。

爱迪生说："这是多么容易的测量方法啊，它又准确，又节省时间，你怎么想不到呢？ 还去算，那岂不是白白地浪费时间吗？"

助手的脸红了。

爱迪生喃喃地说："人生太短暂了，太短暂了，要节省时间，多做事情啊！"

我们生活在信息瞬息万变的社会，我们的孩子、后辈还要接受更多的挑战，他们需要学习掌握的东西更迭的速度会更快，因此必须从小培养其珍惜时间的良好习惯，从而保证其在未来的竞争中不至于被淘汰。

你要
珍惜时间

　　美国著名作家杰克·伦敦在家里的床头、墙壁、镜子上贴了许多小纸条，纸条上面写满各种各样的文字：有美妙的词汇，有生动的比喻，有五花八门的资料。 总之，当他在家的时候，不管在哪里都可以随时看到这些纸条上面的文字。外出时，他也不轻易放过闲暇的每一分、每一秒，把小纸条装在口袋里，随时可以掏出来看一看、想一想。 成功人士珍惜时间的例子还可以举出很多，我们可以发现，有效地利用时间，是一个人成功的基本要素。

　　如何有效地利用和管理时间，关系到孩子学习的最终效率。

　　父母需要让孩子在对时间的利用上形成良好的习惯。 有效地利用时间的习惯可以从这几个方面培养。

1.指导孩子制订学习计划
学习计划一般以一个学期为阶段，内容包括本学期的目标和任务、措施、时间上的安排和精力上的分配。 如何指导孩子合理地制订学习计划呢？ 父母应该使孩子明确这样的原则。

（1）既要明确具体又要切合实际。 明确具体的学习计划有利于执行和操作。 计划的目标明确，时间安排和措施具体合理，对孩子的学习具有较强的指导意义。 但如果对孩子过于苛刻，学习计划的目标定得过高，时间安排过紧，执行不了，便成为一纸空文。 这样不仅对孩子的学习没有什么帮助，还会使她挫伤自己的自信心。 因此，在指导孩子制订学习计划的时候，一定要注意计划的合理性。

（2）时间的安排上要注意灵活性和机动性。 有个女孩这样订立计划：6：30 起床，6：35—6：45 锻炼，6：45—7：15 背英文单词，7：15—7：25 朗读语文课文，7：25—7：30 吃早饭，7：30 出发。 这样的安排缺乏灵活性，如果由于某一天的单词量特别大而在 7：30 之前不能完成，就必然会使以下的计划都受到影响。 同时，此时间表也订得太满、太死板。

事实上，这样的学习计划是无法长期贯彻执行的。 好的计划应该是留有余地、富有弹性的，比如规定 6：30 起床后花半个钟头左右的时间背单词，花 10 分钟左右的时间朗读课文，可行性就要大得多。

2. 及时调整和修订计划

在制订学习计划的时候，父母不可能把每一个细节和不可控因素都考虑在内。 在计划的执行过程中，如果发现存在问题，要及时调整，必要的时候还要进行大幅度地修改。 父母要让孩子时刻记住：学习计划不是教条，它应该以适合具体的学习情况和自身实际为前提。

3.善于抓住学习的最佳时机

孩子常常会有这样的感受：在相同的时间段，心境好的时候学习效率高，情绪不稳定的时候学习效率低；在一天当中，早晨和夜间学习效率高，下午和傍晚学习效率低。 由于人的心理规律和生理特点会对人的各种能力产生影响，所以人的学习能力的强弱在时间上表现出一种不均衡性。 虽然在一般情况下早晨的记性好，但也存在个体差异性，有的人更擅长在午休之后进行记忆。

可见，学习的最佳时机是因人而异的，它取决于孩子的内在与外在诸多方面的因素。 学习的最佳时机一旦出现，父母就要善于帮助孩子把握住它。

4.让孩子学会"挤"时间

时间是由分秒积成的，善于利用零星时间的人，才会做出更大的成就来。 怎样教会孩子利用空隙时间呢？ 方法很多。 比如，在无所事事的时候不要发呆，找一本书来读；看报纸的时候随手记下一些资料；外出游玩的时候认真观察景物，为写作文收集素材；在口袋里放一些英文单词卡片，有空就拿出来记一记；与同学聊天的时候，可以讨论一下学习上的问题等。 只要有了时间是宝贵的这种意识，孩子自己都会想到一些办法把空闲的时间利用起来。

高情商家教思维

1. 你的孩子是否经常半途而废、缺乏恒心与毅力？ 有什么方法可以改变这一现状？

_____

_____

2. 你的孩子是否曾经撒谎？ 分别在何种情况下？ 目的为何？

_____

_____

3. 家长可以怎样帮助孩子养成诚实守信的好习惯？ （例如：多暗示，少批评等）

_____

_____

4. 反思一下，自己是否有不信守承诺的行为？ 这是对孩子的错误示范。

_____

_____

5. 面对孩子的拖沓行为，你有哪些可行的纠正方法？

_____

_____

6. 记录本周和孩子间一次令你记忆犹新的对话。

家长：_____

孩子：_____

告诉孩子，
这个家你是重要的一员

◇ 你要做个孝顺的孩子 ◇

晓云，妈妈腰疼，你来帮妈妈洗菜好吗?

父母也有软弱的时候，也会需要孩子的帮助。不要认为孩子小，帮不了你什么。即使孩子做一点点事情，也是孩子爱心的体现。让孩子适度了解家庭的情况、父母的情况，也有助于增加孩子的责任感和承受力。

你真是妈妈的贴心小棉袄。

◇ 你要养成孝敬父母的习惯 ◇

有无孝敬父母的习惯，实质是孩子能否关心他人的大问题。在家里养成孝敬父母的好习惯，进入社会后才有可能做到关心他人，才能很好地融入社会、有所作为。因此，家长要从小事入手，培养孩子孝顺父母的行为习惯。

我们会和你
和谐相处

大家如果回首童年或许会感慨地发现，那些让你刻骨铭心受益终身的教育，大都是你最喜欢最爱戴的人给予的，而这些美好的记忆与你所厌恶的人可能毫不相关。

有一天，安徒生的父亲在做活时剩下了一块木头，顿时想到可以给孩子做些小玩意儿！他决定给儿子做几个木偶。木偶做好后，他又对安徒生说："你给妈妈要一些没有用的碎布来，给这几个小'演员'缝制几件衣服。"安徒生听了，高兴地叫道："好啊，就去问妈妈！"他兴冲冲地跑到妈妈那儿，在妈妈的帮助下，终于给小木偶们各自缝了一套衣服，安徒生细心地替他们穿好。父亲对他说："它们是不是很像几个演员？咱俩一起'演戏'怎样？"父亲从院子里搬来一张桌子当作舞台，用妈妈的头巾当幕布，还从书架上找来一本名叫《荷尔堡》的书当剧本，就这样，父子两人在堂屋里即兴演起戏来。

他们互相练着台词，不时地争执该用什么样的表情和动作，简直像两个专业的演员。爸爸滑稽的动作和幽默的语言把安徒生逗得东倒西歪，实在演不下去了！妈妈这时也放下手里的活儿当他们的观众。隔壁的邻居们也被笑声吸引过来，都笑这父子俩真是疯了！

之后，安徒生又遇到一位对他创作很有帮助的人，一位在医院里专门给人收拾东西的老太太约翰妮。她是位和善并且会讲很多故事的老人，对这座古城的每一块石头、每一棵老树，都能讲出故事来。讲完后她总是说："这一切都是存在的，不是瞎编的。"安徒生认真地听着这些故事，常流出眼泪或者大笑起来。日子久了，他听到了很多的故事，就把这些故事讲给小伙伴们听。自此以后，安徒生就迷上了故事，迷上演戏。那些虚构的人物和情节对他来说，就像古老神秘的森林一样吸引着他。为了演好戏，为了了解更多的故事，他疯狂地喜爱上了看书。这为他以后的童话创作产生了很大的影响。

随着年龄的增长，他开始意识到机遇是要靠自己努力寻找的。于是在1819年6月的一天，14岁的安徒生走到母亲的面前，说出自己埋在心中多年的理想，"我要当演员，我要演戏。"他不顾家人的劝阻，毅然踏上了通往哥本哈根的漫漫长路，去实现自己的理想。

安徒生在剧院牧童合唱队或士兵队里扮演小角色，度过了哥本哈根一个漫长的冬天后，他逐渐意识到演戏并非他追求的最终目标。他开始改变追求的目标，要用自己的语言来支配演员的行动，他要写作。为了避开一些人鄙视的目光，他外出旅行，到法国、德国或者意大利，广泛接触生活在下层的穷苦人民，他为自己没有能力来帮助他们而感到痛心，于是就用童话的形式，把人民大众的疾苦和对美好生活的向往写出来。

他热爱编故事，以每年写一本书的速度勤奋写作。他的童话作品每写出一篇，都会得到世界性的赞誉。他在写童话故事的同时，还写小说、戏剧。几年以后，他用巨大的艺术创作成果证明了自己非凡的成功，执着追求的梦想，也得到了实现，他的童话作品一版再版，各种荣誉纷纷而来。

我们几乎都能感受到这样一个现象：孩子如果喜欢他的老师，就可以喜欢这位老师的课以及他要求的一切；孩子如果讨厌他的老师，则可能讨厌这位老师的课以及他讲的一切。 孩子与父母的关系也基本上如此。 大家面对现实也许会感到，当你与孩子的关系发生了问题，你的教育也会随之陷入困境。 所以，如果用一句话说出什么是好的家庭教育，那就是：好的亲子关系就是好的家庭教育。

好的关系胜过许多教育。 父母什么时候与孩子关系好，对孩子的教育就容易成功；什么时候与孩子关系不好，对孩子的教育就容易失败。 而建立良好的亲子关系，其关键在于"定位"。

1. 不当"法官"，学做"律师"

有些父母看到孩子出了问题，便迫不及待地当起了"法官"，这是很危险的。 孩子的内心世界丰富多彩，家长要积极地影响与教育孩子，不了解其内心世界便无从谈起。 而了解孩子的第一要诀是呵护其自尊，维护其权利，成为其信赖和尊敬的朋友。 即家长对待孩子，要像"律师"对待自己的当事人一样，了解其内心需求，并始终以维护其合法权利为唯一宗旨。

2. 不当"裁判"，学做"啦啦队"

在人生竞技场，孩子只能自己去努力。 父母既无法替代孩子，也不该自作主张去当"裁判"，而应该给予孩子一种保持良好竞技状态的力量，即"啦啦队"的力量。 这样更能帮助孩子建立自信心，而这正是家庭教育的核心任务。 做孩子的"啦啦队"，既要善于发现和赞美孩子，还要引导孩子正确面对失败，在挫折前做孩子的战友。

我们会拥抱你
让你快乐

与男孩相比，女孩的触觉、感觉、味觉、嗅觉、听觉都更加敏锐。 尤其是触觉方面，女孩从出生的时候起就习惯通过父母对自己拥抱来感受父母对自己的爱。 如果父母经常拥抱女儿，那么女儿会认为自己对父母来说很重要，父母很爱自己，会感到很快乐。 反之，她则会觉得父母忽视自己，不爱自己，进而不快乐。 毫不夸张地说，父母给予的拥抱直接关系到女儿的快乐与否。

双儿出生后，父母非常高兴。为了将女儿培养成为独立、坚强的女孩，双儿父母从女儿满月开始就对她进行了"严格"的教育。双儿的妈妈总是把双儿一个人放在婴儿床上，而自己则忙里忙外。一开始的时候，双儿用啼哭表示反抗，但是双儿的妈妈说孩子总是惯着，会惯出一身毛病，因此对双儿的哭闹置之不理。后来，双儿果然不再哭闹，但是几个月大的双儿却变得表情呆板，即使爸爸逗她，她也毫无反应。

双儿的父母吓坏了，担心她智力有问题，但在一连串的检查后终于放下心来。

但是随着双儿的成长，问题似乎越来越严重了。在大人们眼里，双儿是个很深沉的小女孩，她甚至有些少年老成，喜怒不形于色，也不愿意与人有过多的交流。在双儿10岁的时候，父母发现女儿的目光甚至是呆滞的。她总是一个人静静地坐着，把爸爸妈妈当作透明的空气。看到女儿这样的状态，双儿的父母又开始带着女儿四处求医，但所有的医生都说生理上没有问题。最后一位好心的医生建议他们带双儿去看儿童心理医生。

心理医生看了看双儿的情况，询问了双儿的父母平常对女儿的抚养方式。为了帮助双儿，他叫来自己的几位助手——几位非常年轻活泼的女助手，让她们和双儿做游戏、谈心，并且还要多拥抱她。这些女助手笑闹着和双儿做游戏，争着抢着要与双儿拥抱，抱不到的就开始亲双儿的脸颊、抚摸双儿的头发。一开始，双儿似乎很紧张，但是慢慢地，她的嘴角开始微扬，眼神也开始清明。就这样，双儿的父母每天都会陪女儿来接受这样的心理治疗。

没多久，奇迹发生了！双儿像其他小女孩一样活跃了，食欲也增强了，甚至高兴的时候会主动要求同那些女助手们一起做游戏。

双儿父母对此疑惑极了，心理医生告诉他们："这孩子是得了'皮肤饥饿症'，这是由于缺乏父母的拥抱、爱抚所造成的心理障碍，时间久了孩子会发育不良、智力衰退，甚至变得反应迟钝。"

虽然女儿的治疗情况让人欣慰，但是双儿的父母还是有些内疚，为自己在女儿很小的时候就剥夺了女儿被父母拥抱的权利而感到自责。

女孩心理脆弱，很害怕被父母冷落，对得到父母的关心和爱护的愿望尤为强烈，所以，对女孩来说，父母的拥抱在其成长过程中扮演着极其重要的角色。一个经常被父母拥抱、爱抚的女孩较其他女孩会更加聪明、活泼。千万不要以为这是无稽之谈，由于女孩的感觉神经非常敏锐，因此拥抱和爱抚能够很好地激活她大脑的思维细胞，进而使她的每一种生命功能都能发挥到最大限度。因此，家有女儿的父母，一定要多拥抱、爱抚自己的女儿。具体地说，父母们需要注意这样几个问题。

1. 每天至少保证和女儿身体接触 15 分钟

儿童行为研究专家指出，每天是否能和女儿进行 15 分钟的身体接触，是父母和女儿亲子关系的关键。在父母温暖的怀抱中，女孩能体会到温馨、舒适，感受到父母的爱，这样她就会学会爱父母。相反，一个缺乏父母拥抱和爱抚的孩子是孤独的，她也不懂得什么叫爱，自然也就不懂得爱父母，而亲子关系自然也就不会和谐。

2. 即使女儿已经长大，也请拥抱她

随着女儿年龄越来越大，父母为了在女儿心目中树立权威的形象，对女儿的拥抱会越来越少。其实这是非常不应该的。要知道，无论女儿有多大，都是需要从父母的拥抱和爱抚中感受爱的，这样她才不会觉得被忽视，才不会觉得孤独，才能够拥有健康的心理，进而健康地成长。因此，父母们千万不要因为女儿大了就不再拥抱女儿，给女儿拥抱，女儿才会更加健康、快乐地成长。

3. 对于女儿来说，父亲的拥抱同样不可缺少

生活中，许多父亲因为"男女有别"，对女儿总是"敬而远之"。他们认为，女儿需要拥抱，那就让她妈妈拥抱她好了。

的确，妈妈的拥抱对于女儿来说是很好的安慰剂。如当女孩的月经初潮来临，觉得惊慌失措，甚至觉得羞耻的时候，妈妈的拥抱能够给予她勇气，让她不再惊恐不安。母亲的拥抱能够让女儿感受安定，并获取同自己的坏情绪做斗争的力量。但是缺少了父亲的拥抱，女儿不仅容易产生心理问题，而且容易和父亲的关系越来越疏远。

女儿长大了，身体发生了巨大的变化，因此父亲不愿意再与女儿有更多的身体接触。但是女儿并不了解父亲内心的想法，她往往会认为父亲不再关注自己，不再爱自己，会觉得非常失落，甚至对自己失望，从而变得孤僻而自卑。因此，对于成长中的女儿来说，父亲的拥抱是不可缺少的。

4. 学会拥抱的另一种表达方式

生活中，很多亲密的行为都具有拥抱的意义。如夸奖、亲吻、鼓励的眼神都和拥抱具有同样的效果，而这些也都是父母应该给女儿的。多对女儿说一些柔软、甜蜜的话语，多注视着女儿的眼睛倾听她、欣赏她，多关注女儿，这样，父母和女儿的感情交流才会顺畅，女儿才能够健康、快乐地成长。

你要做个
孝顺的孩子

　　妈妈一进门，程雄文就扑上去，大喊："妈妈我饿了!"妈妈说："冰箱里有面包和牛奶，先吃点!妈妈一会儿就做饭!"程雄文喊："你给我拿!"妈妈换完鞋，包都没来得及放下，就去开冰箱给儿子拿食品了。

　　"妈妈，我的红领巾该洗了!你一会儿给我洗洗吧!"程雄文冲着正在擦地的妈妈说。妈妈一边答应，一边扔下拖布，去把儿子的红领巾放进盆里。这时，电话响了，是奶奶打过来的。

　　妈妈说："儿子，你奶奶在超市里，买东西太多了。妈妈去接一趟，你先在家写作业!"等妈妈和奶奶拎着大包小包回来的时候，爸爸已经下班了。为了尽快让一家人吃上晚饭，妈妈揉着酸痛的肩膀又进了厨房。

　　晚饭后，程雄文坐在电视机前看动画片。妈妈在厨房刷碗的时候，程雄文喊妈妈给他榨一杯果汁。妈妈端着果汁出来的时候，已经到了晚上9点。此时，妈妈已经累得腰酸背痛。刚刚靠在沙发上，想起儿子的红领巾要洗，只能起来去洗红领巾。

案例中的妈妈，任谁都可以看出她已经超负荷运转了。可她还是硬撑着操持家务，不肯对孩子说一声："妈妈很累了，你自己洗红领巾吧！"

我们总以为，让孩子少做事，就是爱孩子。殊不知，孩子习惯了这种"家长安排好一切，他只管享用"的生活方式，就会认为家长为他做事是理所当然的，所以，他们不会说："谢谢！"更不会想到父母很累、很辛苦，自己要替父母分担一些家务。

不要认为孩子小，帮不了你什么。即使孩子做一点点事情，也是孩子的爱心在萌动。如果你真的很累，就对孩子说："妈妈很累，需要你的帮助！""你帮妈妈择菜吧！"向孩子求援，孩子会很乐意帮助父母的。孩子在做事的过程中，体会到父母的辛苦，就会更加爱自己的父母。

家长不要认为把自己糟糕的情况告诉孩子，会让孩子担心，影响学习。让孩子适度地了解家里情况，更能增加孩子的责任感和承受力，有利于培养孩子的担当精神。

如果家长在孩子小的时候，让孩子做一些力所能及的事情，比如扫地、拖地、擦桌子、洗碗、洗衣服、采购等，就不至于孩子读大学了还要父母随行陪伴。

千万不要因为着急或怕孩子越帮越忙，给自己添麻烦，就让孩子一边待着，这样下去不但搞得自己疲惫不堪，还会让孩子失去锻炼的机会。做家长的一定要明白，凡事都有第一次，孩子的第一次开始得越早，把事情做好来到得也越早。

你要
热爱家务劳动

　　据一项抽样调查显示，我国学生对家务劳动的疏远程度，达到了令人吃惊的地步。 调查表明，高中生近六成起床不叠被子；五成从不倒垃圾，也不扫地；七成不洗碗，不洗衣服；九成从不洗菜做饭。 还有部分高中生什么家务也不做，个别人连整理书包都还要家长代劳。 是现在的孩子真那么懒，不肯做家务劳动吗？ 其实不然，调查结果出人意料，有82%的高中生表示愿意做家务；36％的学生认为做家务很开心，是一种乐趣；有40%的学生说家长不让做家务，也从不教他们怎么做。

　　造成这种状况的原因是许多父母认为孩子还小，不愿让孩子承担家务。 当孩子要求做家务的时候，他们经常会说："你还小，等你长大了再帮我。"这简单的一句话就剥夺了孩子做家务的机会和义务，其结果是造成对孩子独立能力的伤害。 这些家长的一片"苦心"，导致孩子们不仅不会做家务，还养成了衣来伸手、饭来张口的习惯，认为别人为自己做什么都是应该的，却不知道自己也有关心与帮助别人的一份责任。

家长应该制造机会让孩子来表现，例如让孩子自己穿衣服、穿鞋和叠被子等。重点并不在于他做得好不好，而在于帮助他养成好习惯。

有一个善良的小男孩叫亨利，他的父亲早已过世，陪伴着他的只有穷困的母亲和一个两岁大的妹妹。他很想帮母亲的忙，因为母亲挣的钱总是难以养家糊口。

一天，亨利帮一位先生找到了他丢失的笔记本，这位先生给了他一美元。

亨利用这一美元买了一个盒子、三把鞋刷和一盒鞋油。接着他来到街角，对每个鞋子不太干净的人说："先生，能让我给您的鞋擦油吗？"他是那样的彬彬有礼，人们很快便都注意到了他，也十分乐意让他替自己的鞋擦油。第一天他就挣了50美分。

当亨利把钱交给母亲的时候，母亲情不自禁地流下了激动的热泪："你真是一个懂事的好孩子，亨利。你这么小就能帮妈妈，妈妈谢谢你。"

这位母亲就是教育孩子的好榜样。她对孩子给自己的帮助表示感谢，这是对孩子最大的鼓励和肯定。

当孩子充满热情地想要帮助家长的时候，父母要接受他的帮助，并致以真诚的感谢。要知道，这是培养孩子自我管理能力的最佳方式之一。

你要养成
孝敬父母的习惯

　　亲情是一个人善心、爱心和良心的综合表现。 孝顺父母是做人的本分，是天经地义的美德，也是各种高尚品德形成的前提，因而历来受到人们的称赞。

　　可以毫不夸张地说，作为一个人，能否孝顺父母直接决定了他是否能够被他人、被社会所认可，直接决定了他是优秀还是低劣。 因此，培养孩子孝顺父母的习惯是家庭教育中不可缺少的环节。

　　现在的孩子讲究娇养、富养，于是在生活中便出现了这样的情况：吃过饭后，孩子扭头看电视或玩耍去了，父母却忙碌地收拾碗筷；家里有好吃的东西，父母总是先让孩子品尝，孩子却很少请父母先吃；孩子一旦生病，父母便忙前忙后，百般关照，而父母身体不适，孩子却很少问候……凡此种种，值得忧虑。

　　　　晓萌11岁了，爸爸妈妈对她异常疼爱，晓萌也很喜欢爸爸妈妈，但却不知道心疼、体贴父母。父母结束了一天的工作，拖着疲惫的身子回到家里，连一口水也顾不上喝，就被晓萌缠着陪她玩，还吵着饿了。

对此，父母不禁感到难过。他们想，也许是自己平时对女儿的溺爱让晓萌没有孝敬父母的意识。于是他们决定从生活小事做起培养女儿的这种意识。

有一次，晓萌来了兴趣，要尝试自己洗衣服，妈妈痛快地答应了。第一次洗衣服，晓萌洗得相当吃力，额头上都渗出了细细的汗珠，而且洗完衣服，胳膊都开始酸痛了。

晓萌好奇地问起妈妈："妈妈，你平时帮我和爸爸洗衣服也这么累吗？"妈妈说："虽然我力气要比你大些，不过每次洗那么多的脏衣服，也是很累的。"晓萌听完后若有所思地说："妈妈，我现在长大了，以后我的衣服我自己来洗吧。"

妈妈听了女儿的话，心里不知有多高兴，并及时夸奖晓萌说："晓萌懂事了，知道心疼妈妈了。"听了妈妈的夸奖，晓萌更高兴了。此后，晓萌变得懂事多了，除了坚持洗自己的衣服以外，还主动帮父母扫地、洗碗，更懂得心疼父母了。

晓萌为什么变了？因为她体验到别人的疾苦，激起爱心或同情心，从而设身处地地为别人着想。

有无孝敬父母的习惯，不单单关系到孩子和父母的情感，其实质是孩子能否关心他人的大问题。在家里能养成孝敬父母的好习惯，长大后到社会中，才有可能做到关心他人，才能很好地融入社会、有所作为。因此，父母要有意识地培养孩子孝敬父母的好习惯。

1. 要建立合理的长幼有别的家庭关系

所谓"合理"，是指全体家庭成员之间首先是民主平等的，父母要尊重孩子的独立人格。同时，家庭又是一个整体，不能各自为政，总要有人来"领导"家庭，管理指导家庭全体成员的生活。父母是家庭生活的供养者，而且他们有丰富的生产经验，自然应当成为家庭的核心和主事人。孩子应当在父母的指导、帮助下生活、学习。

现在，不少家庭中，孩子是"小太阳"，父母变成围着孩子转的月亮、侍从，这就为孩子形成以自己为中心的自私性格提供了土壤，也就更谈不上培养孩子孝敬父母的好习惯了。因此，父母要让孩子明白她自己与父母的关系，让她知道父母是长者，是家庭生活的主事人，而不能颠倒主次，任孩子在家庭里逞强胡闹。

2. 要让孩子了解父母为她和家庭所付出的辛苦

现在不少孩子只知道向父母要钱买这买那，认为父母给自己吃好、穿好、用好是天经地义的。这样的孩子必然不可能从心底里孝敬父母。为此，父母应当有意识地经常把自己在外工作和收入的情况告诉孩子，让孩子明白父母的钱来之不易。自然，孩子会逐渐珍惜自己的生活，也会从心底里产生对父母的感激和敬重。

3. 从小事入手培养孩子孝敬父母的行为习惯

教育子女孝敬父母的一般要求是：听从父母教导，关心父母健康，分担父母忧虑，参与家务劳动，不给父母添乱。要把这些要求变为孩子的实际行动，就应当从日常小事抓起。 如要求孩子每天要问候下班回家的父母；当父母劳累时，孩子应该主动帮助或请父母休息一下；当父母有病时，孩子主动捧上一杯热水等。 父母应该根据孩子的能力、学习情况，合理分配，具体指导，耐心训练，热情鼓励。 这样不但有利孩子养成做家务劳动的习惯，也有利于孩子不断增强孝敬父母的观念："父母养育了我，我应为他们多做事。"

4. 以身作则，父母要做孝敬长辈的楷模

孩子怎样对待父母，在很大程度上取决于父母怎样对待长辈，尤其是母亲对长辈的态度更是直接影响到孩子对待父母的态度。 父母在照顾好孩子的同时也不要忘记照顾好年迈的双亲。 如果说平时因居住地较远，工作较忙不能和老人朝夕相处，那么在节假日尽量抽时间带上孩子去看望老人，帮老人做些家务，同老人共聚同乐，尽一份子女应尽的责任和义务。 在这种耳濡目染的环境中和潜移默化的影响下，孩子也会逐步养成尊敬长辈、孝敬父母的好习惯。

高情商家教思维

1. 在构建好的亲子关系方面，你有何心得与疑问？

_____

_____

_____

2. 你与孩子是否有共同的兴趣？ 这对于亲子关系有何意义？

_____

_____

_____

3. 阅读本章后反思一下，你是否给予了孩子足够的身体接触（拥抱、亲吻等）？

_____

_____

4. 为孩子安排好一切就是爱孩子的表现吗？

_____

_____

5. 父母可以用哪些方法来培养孩子孝顺的好品德？

_____

_____

6. 本章提到的方法中，你认为最有用的是哪一条？

_____

_____

启发孩子，从小养成良好的金钱观

◇ 你要拥有正确的金钱观 ◇

天天的爸爸给他买了新的球鞋，我也想要。

正确的金钱观能让人做钱的主人而不是被钱奴役，正确的金钱观能保证孩子在成长的过程中不因虚荣心而迷失自己。如果孩子产生了攀比心理，父母也不应一味批判，而要加以引导，把攀比物质转化为攀比精神。

比这些物质的东西丝毫不利于人的进步，比来比去只会迷失方向。

◇ 你要合理地消费 ◇

教孩子学会合理消费不只是一种生存教育，也是一种素质教育。没有经过理性消费教育的孩子大多缺乏正确的消费观念和创造财富的能力。父母有责任和义务教育孩子从小树立正确的金钱意识，让孩子合理地消费。

你是否优秀
与家境无关

　　我们总想给孩子最好的环境，最好的教育，最好的呵护……似乎唯有如此，我们的孩子才不会输在起跑线上。 为了给孩子这些"最好的"，我们在育儿的路上走得很辛苦。村里的孩子往镇上送，镇上的孩子往县城送，县城的孩子往省城送，省城的孩子往北京上海送，北京上海的孩子往国外送。 条件好的家庭，孩子出生要请月嫂，之后请保姆，上最好的幼儿园，上最好的小学，把孩子送出国门……一环套一环，永远没有够的时候。 这一切都需要以良好的经济基础做前提。 家境不太好的爸爸妈妈很可能为不能给孩子提供这一切而深感遗憾。 有一位家长就感触颇深，他这样说：

　　　记得琛琛小的时候，为了方便他上幼儿园、上小学，我们在阴暗潮湿的地下室一住好几年。当年，看着别人家孩子上国际幼儿园、国际小学，报各种昂贵的课外班，穿名牌服饰，眼睁睁看着他们的爸爸妈妈开着高级轿车，带着孩子世界各地满天飞，孩子想要什么，眼睛不眨就可以买给他，我也羡慕过，遗憾过，也恨不得自己一夜之间暴富，可以为我的孩子提供最好的一切。而今，遗憾烟消云散。相反，我越来越庆幸当年只能供他住地下室，上最普通的幼儿园和最普通的小学，给他买了图书，就买不了玩具，给他买了玩具，就得砍掉吃麦当劳的预算。从贫穷，到日子一天天好起来，琛琛看到了我们努力的全过程。这种付出本身不就是很好的教育吗？这比他从小就养尊处优要好得多。更重要的是，因为我们承担不了那些昂贵的开销，我只好多花时间陪孩子在家游戏，带他去户外发现各种有趣的事物，而这是花多少钱也买不来的收获。正是在我们彼此享受这些游戏的过程中，他体验到了更多的快乐，获得足够的安全感，感受到父母深切的爱。而我在享受与他游戏的同时，将各种教育元素不着痕迹地融入其中，也对他产生了更多正面的影响。相反，如果我当初很富裕，我可能会盲目地把他扔给早教机构，以为如此就万事大吉，岂不是一种遗憾吗？

国人主张"再穷不能穷孩子"，西方国家则主张"再富不能富孩子"。两种观念的差异显而易见。比较而言，我更欣赏后者。欣赏后者，并没有要虐待孩子的意思。不能富孩子，一定是以爱为前提的。爱不取决于给予孩子物质的多寡，而取决于我们花多少心力去读懂孩子的心思，无条件地接纳孩子，并顺应他发展的需求给予助力。孩子是我们的，教育的责任是我们的，没有谁可以替代。不仅如此，一旦孩子没有跟父母之间建立起紧密的联结，孩子心理成长就会遇到阻碍。

某天，偶遇一对夫妻带着一个3岁的孩子和保姆一起郊游。孩子跟保姆关系密切，几乎寸步不离。一旦保姆从他的视线消失，即便爸爸妈妈陪伴在侧，小家伙也会反应激烈。与妈妈闲聊过才清楚，孩子之所以如此，跟他的成长经历有关。原来这对夫妻家境很好，生下孩子后，花重金请了一个学前教育专业毕业的学生当孩子的保姆。他们相信高素质又专业对口的保姆，比他们自己更懂孩子，更明白养育孩子的事。于是，从坐月子开始，妈妈除了白天喂几次母乳，其他时间便都把孩子交给保姆管。白天，保姆带孩子玩耍，利用各种游戏全方位启发孩子，晚上则陪孩子睡觉。到孩子满了1岁，他们开始督促保姆带着孩子去各种早教机构，接受最"先进"的早期教育。不仅如此，他们从孩子一出生就想着让他过上贵族般的生活，照着贵族的标准为孩子设计未来。这对夫妻以为，这样才是给孩子最好的爱。

当然，保姆确实给了孩子情感和智能方面的启发。可是时间长了，爸爸妈妈发现，只要跟保姆在一起，孩子就玩得非常开心，因为保姆有的是与孩子游戏的招，并且爱孩子，能耐心地陪伴孩子。但是跟爸爸妈妈在一起，孩子感觉到的则是无趣。于是，爸爸妈妈与他的交流只剩"让妈妈（爸爸）抱抱"之类的互动。当爸爸妈妈提出要抱自己时，孩子常常很敷衍地让他们抱一下，然后急切地跑去找保姆。每当这时，爸爸妈妈难免深感失落，可看到孩子各方面都发展得很好，他们也算是痛并快乐着。为了孩子有一个美好的未来，他们继续将重心放在为孩子提供优越的教育环境上，继续以他们自以为不错的方式痛并快乐着。

直到孩子3岁多了，上了幼儿园，他们才发现，尽管他们为孩子的成长考虑非常周到，但是这个被"完美"养育的孩子竟然被老师怀疑为"问题学生"。爸爸妈妈实在难以接受老师的结论，不过，事实说明这位老师没有夸大其词。孩子严重匮乏安全感，入园都三四个月了，每天早上还哭天抢地。而共同入园的那些孩子早就适应得非常好了。两相比较，差别之大，令爸爸妈妈深感震惊，万分沮丧。

正如这对夫妻一样，不少爸爸妈妈都错误地以为，只要舍得花钱，把最好的给孩子，就可以为孩子提供最好的成长环境。殊不知，教育首先是我们与孩子之间心与心的交流，而不是物质的堆积。

如果家境好，就想着什么都给孩子最好的，那么，一个从小就养尊处优的孩子习惯了享受生活，完全没有缺失性体验，对他的成长未必是一件好事。人生有诸多的变数，作为爸爸妈妈，我们不可能呵护孩子一辈子。因此，让孩子懂得一切要靠自己，不依赖任何人，比给他家财万贯与无微不至的呵护更有意义。一夜之间，千金可以散尽，只要我们拥有一颗乐观的心、一双勤劳的手，什么样的困境都可以度过。与其给孩子富裕的物质生活，不如将他培养成一个身心健康的"人"。而这一切，是我们可以在日常生活中一点点渗透，让他逐渐去体会与参悟的。

把孩子带入生活，让孩子享受游戏，在这样的过程中完成培养一个"人"的目标，将作为"人"应该拥有的一切，诸如健全的人格、强大的内心、进取精神、协作精神、爱与被爱的能力、积极的思维模式、抗挫折能力、智力开发、自主学习、自主管理、自主解决问题的能力……协助孩子成长，是我们为人父母者的责任。养育孩子是个系统工程，在这个庞大的系统工程中，首当其冲的是关注孩子的心理成长。心理成长出现问题，其他各方面都会连带地出现问题。这是多优越的物质环境也无法代替的。

这些年，众多有关"官二代""富二代"的负面报道，以及很多成功人士的成长经历都从一个侧面验证了以下的观点：孩子优不优秀，与家境无关。

你要
合理地消费

理财能力是每个人都应该具备的基本生存能力，它关系到人一生的发展和幸福。理财应该成为每个家庭教育的必修课，父母应教孩子学会理性消费。

周恋今年 9 岁了，是个很会理财的小姑娘，这与父母对她的教育是分不开的。父母工作忙，在周恋很小的时候父母就鼓励她自己购物了，她的学习用具、零食一般都是自己购买。

但是父母会定期检查周恋零花钱的用途。周恋 7 岁的时候，想买个好看的书包，就拿了 100 元零花钱买来了。可是这个月的零花钱超支了，买文具就没有钱了，她只好跟妈妈要。妈妈没有轻易答应她的要求，而是让她自己节省着花，并告诉她，以后再遇到这样的情况父母也不会轻易支援她。

周恋认识到自己的消费行为对自己产生了影响，从那以后，她就再也没有超支过。她要购买新的东西时都会和父母提前商量，得到父母的允许后才会从父母那里得到更多的零花钱。

从现代家庭教育来看，教孩子学会合理消费不只是一种生存教育，也是一种素质教育。没有经过理性消费教育的孩子大多缺乏正确的消费观念和创造财富的能力。父母就有责任和义务教育孩子从小树立正确的金钱意识，让孩子合理地消费。

韩非子的《喻者》一文中曾经记载"纣为象著"的故事，主要讲的是商纣王因为奢侈而最终亡国的故事。商纣王刚刚即位的时候，人们还以为他是一位开明的君主，能够把国家治理得很好。

但是有一次，他竟然要求手下为他制作一双象牙的筷子，这件事情让他的叔父箕子很是不安，可是朝中的大臣都以为箕子是小题大做，一双象牙筷子对于君主来说是很正常的。箕子告诉大臣们，商纣王既然让下人为他制作象牙筷子，就一定会用犀牛角制作的杯子和用玉烧制的碗，还会用华丽的绫罗绸缎来代替粗布衣服，建造富丽堂皇的宫殿来取代茅草屋。

因为箕子是商纣王的叔父，所以他也试图去劝诫商纣王，可是商纣王根本听不进去。后来，果然如箕子所料，仅用了 5 年的时间，商纣王就变成了一个挥霍无度的昏君，商朝也灭亡在他的手中。

父母要教育孩子从商纣王的故事中学会抵制诱惑，增强自制力，教育孩子把钱花在实用的地方，控制孩子的购物冲动，让孩子绕过降价的陷阱，帮孩子识别广告，让孩子学会货比三家，不让孩子为了满足自己的虚荣心而过度消费。只有教育孩子学会了理性消费，才能帮助孩子逐渐培养起正确的消费观念。

1. 让孩子懂得理性消费的好处

一个懂得合理消费的人，会平衡好收入和支出的关系，从而获得生活的成功，会对家庭有责任感，会让自己的生活过得富足、有意义，而不会为了金钱迷失人生的方向。

不懂得理性消费的孩子，或者大手大脚，或者小气。这些都不利于孩子理财能力的培养，反而会让他们的金钱观念和消费观念产生偏差。父母要让孩子懂得合理消费是他们基本的生存能力和理财能力。只有懂得了理性消费的好处，孩子才能在日常生活中逐渐学会理性消费。

2. 让孩子体验独自消费

只要父母懂得适当放手，孩子都会独立进行一些消费活动。在孩子懂得不能大手大脚花钱的基础上，让孩子体验独自消费可以锻炼他的理财能力，在实际生活中让孩子懂得理性消费。

让孩子体验独自消费,父母不要直接干预。 当孩子因为消费不合理而遇到困境的时候,父母不能轻易帮孩子渡过难关,要让孩子自己意识到过度消费带来的后果,懂得对自己的消费行为负责,这样才能让孩子学会理性消费。

3.将理性消费纳入家庭教育内容

现在的孩子往往不懂得合理消费,从而导致理财能力很差。 孩子是否懂得合理消费,和父母对孩子的理财教育有着密切的关系。 孩子需要父母传输正确的消费观念,然后作为自己消费行为的指南。

董娟的妈妈在董娟很小的时候就重视对她的理财教育,每个周日妈妈都要给她一周的零花钱,让她自己学习理财。董娟的妈妈自己也很善于理财,每次家里需要数量多的东西她都会去批发市场买,回来再教育董娟说妈妈这次又节省了多少钱,这对董娟的消费观念产生了很大的影响。

这次,董娟的铅笔用完了,她主动从自己的零花钱里拿出一部分交给妈妈,让妈妈帮她去批发市场买。这样就能节省不少钱,妈妈表扬了女儿的行为。

孩子的理性消费理念是要靠父母培养的,父母要从小重视完善孩子的理财观念,不要把给孩子零花钱当成形式,要教导孩子学会正确地使用金钱。 同时,父母要先建立正确的理财观念，再把这些理念传输给孩子，让孩子在小时候就树立正确的理财观念。将理性消费作为家庭教育的重要内容，对提升孩子的理财能力有深远的影响。

4. 帮孩子走出消费误区

不少孩子存在着消费误区，这与家庭理财教育的缺失有很大的关系。很多父母把给孩子更多的钱作为表达爱的主要方式，这是一种错误的做法。父母要让孩子分清"想要"和"需要"，教育孩子买自己需要的东西而不是买自己想要而没有实用价值的东西；让孩子懂得"量入为出"的道理，形成合理的消费观念。

晓敏开学就要上三年级了，妈妈准备给她买个新书包。晓敏想要买个名牌的书包，可是价钱很高。妈妈带她去了商场，让她看了很多不是名牌的书包，样式和用途与名牌的差不多，价格却低很多。父母教育晓敏要懂得货比三家，晓敏听懂了妈妈的话，欣然地买了一个相对便宜的。

同时，父母要尊重孩子的选择，合理疏导孩子的购物情结，帮助孩子绕过降价的陷阱，教孩子把钱用在实处，防止孩子产生追逐时髦的倾向，告诉孩子不要攀比，等等。相信经过父母的帮助，孩子会从消费误区中走出来，学会理性消费。

下面，我们来看看一位妈妈的困惑：

现在的生活条件是越来越好了，我很舍得在孩子身上花钱，给孩子零花钱的时候从来不犹豫。然而，最近令我困惑的是，如果我给孩子的零花钱多了，他会毫不珍惜，甚至有时挥霍无度。如果我给的少了，他就整天撅着嘴，一副闷闷不乐的样子。我都不知道给他多少零花钱才合适。问起他，他总说我给得再多，相比其他同学来说还是少。我问他同学都花多少，他有好几种说法。我向周围的家长询问，他们也观点不一。我现在都无法判定这个年龄的孩子需要多少零花钱。

　　很多父母都遇到了这样的问题，他们希望给孩子的零花钱不多不少，既不会让他太奢侈，也不能让他因为没有零花钱而自卑，但总是把握不好这个度。

　　父母们在给孩子零花钱方面历来存在诸多分歧。有些家长认为孩子的零花钱决不能少，理由是"会花钱的孩子将来更会赚钱"，另外零花钱多了，孩子不会自卑，但这往往会让孩子养成大手大脚花钱的习惯，理财能力也未得到增长。还有些家长不给孩子分文零花钱，他们认为孩子从小用惯了钱，长大后不懂得珍惜，结果导致孩子长大后也不知该怎样存钱，更别提如何理财了。

　　给孩子零花钱的数量一方面得考虑家中的经济状况和其他家庭的相对标准，另一方面要结合他的年龄和实际需求。只有给的恰如其分，才能使零花钱真正发挥应有的作用。

1. 根据孩子的年龄给零花钱

一般来说，孩子的年龄越大，父母所支付的零花钱的金额越多，给钱的时间间隔越长。例如，孩子 5 岁时，一星期可分两次或三次给，每次 2 元、3 元、5 元，由父母自己确定。小学一二年级的孩子，除了固定的午餐费、交通费以外，父母可以一星期给一次，金额可以为 10 元、20 元，这些要考虑孩子的自控能力以及整个家庭的消费水平。小学三四年级的孩子，多给他们一些零花，让他们用于课外兴趣小组的支出。当孩子上初中、高中以后，你可以每个月给一次，包括他们用餐、乘车、外出游玩、购买课外读物等费用。这时候，父母可以鼓励孩子将每个月剩余的钱存起来。

2. 参考同城、同校、同年级学生的消费水平

父母可以通过育儿网、学校老师或孩子同学的家长来了解同城、同校、同年级学生的零花钱水平，以此作为给孩子零花钱的参考。父母对孩子的零花钱数额，不能太小气，也不能过度，维持在平均水平就行。如果家长的孩子在上高中，家长通过一些方式了解到本地区同一个学校孩子们花钱的水平在每月 300～800 元之间，你不妨每月给孩子 500～600 元，让他既不觉得自己有钱，也不会因为没钱而自卑。

对于年龄稍小的孩子，当他主动要零花钱时，请问五个问题：

为什么要买？如果他的理由不是很充分，父母则要酌情考虑是否给他零花钱。

买什么？ 因为孩子年龄小，要限制他自己做主购买物品的范围。

什么时间去买？ 主要是让孩子明白，不能因为购物耽误了学习的时间，同时，如果孩子要和父母一起去买，还要考虑父母的时间。

到什么地方去买？ 告诉孩子买消耗性的小物品如铅笔、作业本等可以到小市场去买。 但千万不要因为贪便宜到不正规的小商摊上去买零食。

什么人去买？ 问问孩子是自己去，还是和同学一起去。但建议孩子在附近购买所需物品。

这几个问题能够培养孩子的花钱意识，教给孩子如何支配零花钱，从而养成良好的消费习惯。

你要拥有
正确的金钱观

秀竹妈妈：

  我女儿马上就要升入四年级了，可有件事情一直让我很忧虑。不知道从什么时候起，她变得特爱攀比，同学买了什么好看的衣服、玩具、文具，她也要有，不仅如此，她自己的东西也喜欢拿出去炫耀，吃晚饭时，一家人好不容易聚到一块，她总是提起这个同学的爸爸是局长，那个同学的妈妈自己开公司，这个同学家里怎样有钱，那个同学家里如何有势……我真担心孩子的这种攀比心态继续发展下去。

小龙妈妈：

  孩子上学之前特懂事，可是上了学，要求越来越多，同学用什么文具，他就让我给他买什么文具。刚刚花了200多元买的书包，硬说过时了，一定要买比同学更好的，结果花了 300 多元又买了 1 个！不仅如此，他们还比谁家的房子大，套数多，谁家的车最豪华，我真是很无奈。

这两位妈妈的孩子喜欢攀比并不是个别现象，现在的孩子多数都喜欢攀比，攀比的内容多样化，概括起来大概是五种：比穿、比用、比吃、比消费、比家长。

在穿着方面，孩子们崇尚名牌，大家在比谁穿的鞋好，谁的衣服最上档次。 在用的方面，他们比谁的文具最好，谁的书包是名牌，谁的手机最新潮、功能最全，价格最贵。 在吃的方面，他们比生日请客的时候去的哪个饭店，花了多少钱，比谁家的派对最气派，比谁吃的零食最高级。 在花钱消费方面，则更是攀比。 今天你买了个 100 元的书包、200 元的旱冰鞋，明天他就买个 200 元的书包、300 元的旱冰鞋，后来又有同学买 800 元的书包、1000 元的旱冰鞋。 更严重的是现在孩子们喜欢比"家长"。 家长仿佛成了一种商品，成为孩子们地位的象征。 孩子们比父母的职业，比家里住的房子，比私家车，等等。

这种攀比心理如果任其发展下去，后果非常严重。 攀比会使孩子们注重外表，分散精力，影响学业，攀比会使孩子们的虚荣心得到助长，养成奢侈挥霍的习惯，攀比还给家庭造成一定的经济负担。 最重要的是攀比会误导孩子对金钱的理解，容易让他成长为一个拜金男或拜金女。

当家有喜欢攀比的孩子时，父母必须尽早加以引导！

1.让孩子明白攀比行为的代价

父母不要总是把孩子当成被保护的对象，这样孩子永远长不大。 请将孩子看作一个和家长地位平等的家庭成员，平日，父母讨论家里的消费问题时，邀请他也参与进来，让他了解家庭收入情况，明白自己要吃好的、穿好的、用好的……这些会让父母付出多大的代价。 比如，你们可以每隔一星期开一次家庭经济会议，当场把这一阵子的消费亮出来，消费中分出家庭版块与孩子自己的经济版块。 孩子通过这种对比，会发现家庭中绝大部分钱都花在了自己身上。 父母也向孩子提一提你们现在每个月能拿多少钱，这些钱还有其他用途等。 当他知道了这些时，就会对自己的消费水平做出正确判断。 他会明白，不能让家长为自己的虚荣心买单。

2. 引导孩子从攀比物质到攀比精神

比较本身并没有什么错，正确的比较反而会激发人的进取心，但错误的攀比却将人引入歧途。 父母不妨引导孩子从攀比物质转到攀比精神。 不比吃、不比穿、不比用、不比花、更不比父母，而是比学识、比能力、比人品、比智慧。当下次孩子向你抱怨他的衣服不如某某的高档，他的鞋子不是名牌，他没有用高级的手机时，你不要像以前那样，生怕孩子没有面子，不顾一切地满足他的要求，你要告诉他："比这些物质的东西丝毫不利于人的进步，比来比去只会迷失方向。 如果一直比下去，长大后恐怕连比的资本都没了。你不能依靠父母一辈子，得现在用知识充实自己，提高各方面的能力，以后才更有比的资本。"郑重警告他："下次，同学要和你比较谁有钱时，你就告诉他，我不和你比这些，我要和你比谁读的书多，谁更聪明！"

你要做一个
自食其力的孩子

　　有一位爸爸的方法很好。他儿子每天向他要钱，"我想要1元钱买两块阿尔卑斯糖""我要买两个英语本""我得换换圆珠笔了"……孩子几乎每天都会向爸爸伸手要几元钱。时间长了，这位爸爸想了一招。一次，孩子想要钱，爸爸对他说："要花钱，自己挣！这样吧，你每天起床后或放学后帮我和你妈做点事，比如倒垃圾、扫地、擦桌子，每天记下具体做了些什么，之后我给你钱。"孩子欣然答应。可是不出几天，他开始抱怨："爸爸，这些活太累了，我每天干那么多，才挣这么一点儿钱。有什么活既不费力又挣得多呢？"爸爸想了想，说："儿子，这样吧，只要你给家里提一个好的建议并被采用，爸爸付给你的钱将是体力劳动的5倍。"结果男孩脑袋里的点子越来越多，他不仅因此赚了父母的钱，而且还为父母出了好多主意。

其实在很多发达国家，多数父母都是这样做的，他们鼓励自己的孩子通过"打工"来挣零花钱或者为自己交学费。在美国，孩子们从小的时候开始，不管其家里多富有，照样通过给邻居或自己家修剪草坪、送报纸、做小保姆来赚零用钱。

　　国外的父母并不是不喜欢孩子，他们这样做，不仅是为了培养孩子的劳动能力，还想培养他们对金钱的概念，促使他尽可能快地经济独立。 如此一来，孩子进入社会后，便能够很快适应这个日益激烈的竞争环境，为自己谋得立足之地。

　　很多中国父母认为，家里不缺钱，孩子还小，没必要让他打工挣钱，等他大学毕业以后自然会出去找工作。 但是往往等这些孩子二十多岁毕业时，仍然不知道如何挣钱养活自己。 其实在孩子小时候，父母就应该给他们创造一些挣钱的机会，从小培养他们挣钱的能力。

高情商家教思维

1. 你更认同富养孩子还是穷养孩子？ 为什么？

_____

_____

2. 你认为孩子若想成为一个健全的"人"，需要具有哪些品质？ （例如：健全的人格、强大的内心等）

_____

_____

3. 你如何看待"官二代""富二代"？

_____

_____

4. 孩子是否具有理性消费的观念？ 父母应如何在这方面进行培养？

_____

_____

5. 你认为哪些行为属于消费误区？ （例如：攀比等）反思一下，自己是否走入了消费误区？

_____

_____

6. 如果孩子已经有了攀比心理，你会怎样引导孩子从攀比物质到攀比精神？

_____

_____

叮嘱孩子，

要学会好好说话

你要学会说
和善的语言

语言，是拉近距离最好的手段，亦是获得人脉的利器，但其前提是和善的语言。因此，父母若想孩子今后能成就大事，就应培养他们学会说和善的语言。

斌斌出生在一个书香世家，爸爸是一位小有名气的书法家，妈妈则是某大学文学系的教授。从小到大，他都在父母的熏陶之下言谈举止彬彬有礼。然而，自从他由小学升到初中，由于在家的时间开始减少，再加上受到了不良风气的影响，他渐渐将那些不文明的语言挂在了嘴边，而且，为了显示自己的男子汉形象，他还常常配合这些语言做出粗鲁的动作。

面对儿子的改变，父母是看在眼里气在心里，但他们更多的是一种担心，他们担心自己多年以来的精心培育会就此毁于一旦。为了纠正斌斌这种语言上的错误，他们决定重新培养儿子的语言能力，让他学会运用文明礼貌的措辞，以及能够受到大家欢迎的和善言语。

从那以后，父母便开始行动了，如妈妈在让斌斌帮助自己做什么事时，总会对他说："请你帮我……好吗？"或者说："请你……好吗？"而不会像以前那样顺口丢出一些生硬的句子，也更不会再用强硬的命令语气让他去做事。当斌斌做完了某件事以后，妈妈也总会说一声"谢谢"。

不仅如此，不管遇到什么事情，即便是一些微不足道的小事，父母都会和斌斌商量一下，如父子在一起看电视时，如果爸爸想换一个电视频道，便会先对他说："斌斌，我们换个频道看看好吗？"对于父母的这种转变，斌斌心里非常清楚他们的用意，并觉得他们是故意这样，便没有想改变自己的意思。

在去年的圣诞节时，爸爸给斌斌买了一个篮球作为礼物。这天，爸爸参加同学聚会回家后，突然想跟昔日的同窗来一场比赛，于是，他便当着大家的面问斌斌："斌斌，能不能把篮球借给我们玩一下？"

同窗好友们顿时都感到十分惊诧，便问道："儿子的不就是你的，还用借？"

此时，爸爸笑着回答："既然是送给孩子的礼物，它就是孩子的物品，所以，不管是谁要使用这个物品，都必须先跟孩子商量。"

爸爸的一席话，让斌斌感到自己备受尊重，与此同时，他的心也悄悄地动摇了。

一段时间以后，父母欣慰地发现，斌斌又重新变回了彬彬有礼的好孩子！

　　英国著名生物学家、哲学家赫胥黎，临终前以一句话回顾了他一生的学习过程："让我们彼此更加善待对方。"罗宾·夏玛在他的《改写生命的一百零一个忠告》中说："我们常常相信必须建立丰功伟业，以跃上杂志封面或报纸头版才算是真正圆满地过一生，没有什么比这更偏离事实了，有意义的生命由日常正派和善的举止串联而成，这些举止在生命的流程中，聚沙成塔，变得真正伟大。"

　　由此可见，善是成就大事的有力武器，其中当然也包括了和善的言语。 对孩子来说，最有亲和力的语言莫过于文明用语，因此，父母若想孩子今后前程似锦，就应当注重培养他们运用礼貌的措辞。 一个有教养的孩子，必须有良好的文明礼仪，而这样的孩子往往都比较受人欢迎，这便是心理学上所说的"被众人接纳的程度高"，但文明礼仪要从小培养，才能逐渐形成。

　　然而，有些家长认为，现代社会是个自由的社会，懂不懂礼仪没关系，只要学习好、有真本事就行了；有些家长则认为，小孩子天真无邪，长大了就会懂得文明礼仪的。 其实，这都是家庭教育的误区，一方面，孩子的文明礼仪需要从小培养，否则，一旦形成了坏的习惯就再难改变了；另一方面，越是懂礼仪的孩子，越能获得自由发展的广阔天地，因为他们会受到他人的尊重和欢迎。

一直以来，语言都是家庭教育中的重点，但父母往往都只关注语言的本身，却忽视了语言背后的深刻含义——和善。因此，培养孩子的语言能力，绝不能忘了如此重要的一课。

孩子的和善就体现在礼貌上，对此，父母应从下面几点开始培养：

1. 为孩子树立一个良好的榜样

父母良好的行为举止，是对孩子最生动、最有效的教育。因此，父母要注意提高自身的修养，使用文明的语言，在家庭中不要讲粗话、脏话，家人之间多使用礼貌用语，说话要和气，这样才能通过自己的行为潜移默化地影响孩子，让孩子在良好的环境中，养成文明用语的习惯。

2. 一定要净化孩子的语言环境

不文明的语言，一般都来源于周围的环境。要想让孩子成为一个文明礼貌的人，首先要净化孩子周围的语言环境，当父母发现孩子说脏话时，要找出孩子说脏话的"根源"，尽量让孩子远离或少接触那种不良的语言环境。父母可以有意识地限制孩子与经常说脏话的同学来往，也可以和老师取得联系，借助老师的力量促进其他孩子养成文明礼貌的习惯，等等。

3. 培养孩子运用礼貌的措辞

父母应要求孩子使用文明礼貌用语，如"您好""谢

谢""请""对不起""没关系"等，在向孩子强调文明礼
貌的常识时，父母不要用教训、命令的口吻，而是要循循善
诱、谆谆教导。 同时，父母还要让孩子明白，人与人之间若
出现互相挤撞，不要恶言相向，要抱以理解、宽容的态度；
要求孩子做到行为文明，如和人见面时主动打招呼，和别人
说话时专心，爱护公共环境，遵守交通规则等。

4.父母必须学会尊重自己的孩子

　　文明礼貌看起来是一种外在的行为表现，实际上却反映
了一个人的内心修养。 有自尊的孩子会尊重自己，维护自己
的人格尊严，而懂得尊重他人的孩子，在说话时往往也会顾
及他人的感受，因此，父母在生活中要做到尊重孩子。 与此
同时，在家庭中父母也要互相尊重，因为父母之间的尊重，
亦会在潜移默化中给孩子以良好的影响。

女儿，
你要掌握语言表达能力

　　女孩似乎生来就具有丰富的语言表达能力。 她们总是能用自己丰富的语言，表达自己的情感，更好地与别人沟通，相对于男孩的"笨嘴拙舌"，她们总显得那样的冰雪聪明。或许，语言本就是上天赋予女孩的一笔特殊财富。

　　但是，并非所有的女孩生来就具备好口才，准确地表达自我、与人沟通的能力，还是需要后天培养的。

　　父母的语言水平、文化修养、家庭藏书情况、父母对女孩教育的兴趣等，都对女孩的语言能力发展有很大的影响。父母如果说话粗俗、词汇贫乏，必然会给女孩带来负面影响。 所以，父母一定要注意提高文化素养，注意语言美，使自己的话能成为女孩模仿的典范。 家长与女孩说话时，要特别注意讲究说话的艺术，为女孩的语言能力的发展提供条件。 和女孩说话时要比较慢，口齿清楚，语调温和亲切。不可用严厉的语调对女孩说话，也不要恐吓或者在她面前讲别人的坏话。 家长对女孩说话，要多用积极鼓励性的语言，少用消极的、禁止性语言；多用提问的方式，少用命令的方式。 语言对女孩的行为有强化作用，对好的行为，父母要多讲、多鼓励；对不好的行为，要尽量避免去强化它，最好是少议论，或是从积极方面去讲。

俗话说："良言一句三冬暖，恶语伤人六月寒。"一句话，可以成事，也可以败事。 一个人的语言表达能力不是先天的，而是可塑造的。 因此，父母有意识地强化女孩的表达能力，将对女孩的人际交往起到很大的帮助。

1. 不做女孩的"代言人"

要想让女孩能够毫无障碍地表达自己的语言，父母就不要做女孩的代言人。 当女孩想说什么但找不到合适的词时，不要马上直接替她说出来，应引导她学习和使用新词，一旦掌握了新词，要及时地鼓励她。

2. 多给女孩表达自我的机会

家长可以充分利用女孩周围生活的人和物，丰富女孩的生活经验，为女孩提供说话的材料，培养女孩口头表达的能力。 例如，节假日家长可以带女孩去公园玩，然后让女孩讲述在公园里看到了什么。

3. 让女孩多读、多看、多背，促进语言能力的发展

课本中很多文章都是语言优美、逻辑性强、句子精练的好文章。 因此，让女孩朗读课文、诗歌，并在理解的基础上背诵下来，使一些名言警句深深地印在女孩的脑海中，就可

为女孩的语言发展和口头表达能力打下基础。

4. 让女孩融入自然中

要让女孩多接触大自然，散步、参观都是很好的方式。家附近、动物园、植物园，随女孩任意漫游。给女孩一种完全不同的生活体验，当她在这种完全不一样的体验中感受到乐趣时，自然也就产生了表达的意愿。

女孩天生性情各异，有的能说会道，有的沉默寡言。对于不爱说话的女孩首先应找出其原因，然后再加以引导。家庭的熏陶对女孩的一生都起着重要的作用。因此，父母要特别注意自己在女孩面前的言行举止，给女孩营造一个良好的语言环境。

大胆地主动开口说话吧，
不要怕

　　不肯主动讲话的孩子一般性格都比较内向，平时少言寡语，不轻易向别人吐露真情。然而，这些孩子内心里又强烈地渴望得到他人的理解和关心。所以，家长应该主动了解孩子的内心状态，和孩子进行深入地沟通。千万不要用粗鲁、蛮横的态度对待孩子，让孩子主动说出真实的想法和感受。家长需要做的就是对待孩子要耐心，耐心，再耐心！

　　1. 克服孩子怕生的心理

　　在幼儿园门口，常有一些父母虽然恼怒但又必须面带笑容地哄那些哭闹着不肯入园的孩子。在心理治疗中心，也常有家长带着孩子来咨询，例如，有个 6 岁的小男孩，在家淘气，在学校却又胆小怕事；另一个小女孩由外婆带，偏食，怕见生人，语言表达能力差……

　　这个年纪的孩子人际交往的能力不佳，一般有以下几种因素：一是智力或基本能力有问题，不知如何表达自己的意思，或表达不好，怕人嘲笑，于是更胆小；二是由于交友受挫，导致害怕与人交往；三是没有交友的动机，不觉得交朋友有何好处，觉得自己一个人也可以玩，或纯粹个性内向，不喜欢与其他小朋友玩。就外界因素而言，则存在以下情况：楼房代替了四合院，邻里之间不相往来；家长怕孩子出危险，不让孩子出去玩；保姆代替了父母的劳动，却弥补不了父母的情感，造成孩子的情感饥饿……

怕生不仅表现为怕见陌生人，还表现为怕接触新环境、怕尝试新事物。怕生这种现象，在孩子只有 6 个月大的时候就开始出现了。孩子 6 个月大时，就会分辨父母、家人和陌生人。当他面对陌生人或新的事物时，会不知所措，会哭泣和躲避，这种情形会持续相当一段时间。孩子 2 岁以后，他的社会需求开始增加，开始喜欢与别人交往，特别是与相同年龄的小朋友一起玩。所以一般来说，两三岁的孩子即使刚见到陌生人时会有些不自在，但过不了多久，他就会与他们玩得很熟了。但是有些孩子却不同，他们即使到了四五岁，甚至更大一些，还是一见到陌生人、一到了新环境，就会局促不安，不敢说话，参加活动时也会畏缩不前，胆怯害羞。如果这种怕生现象持续的时间过长，不仅会影响孩子与他人的交往，也会使孩子失去许多学习和尝试新事物的机会，甚至会影响孩子成年以后的生活。

孩子怕生可能有这三个方面的原因：天生气质如此，缺乏安全感，缺乏与他人交往的经验。首先，人的天生气质各不相同，有的外向活泼，有的内向拘谨。其次，孩子必须在他所熟悉的环境里获得充分的安全感，他才能把这种安全感转移到陌生的人或事物上。 如果家里缺乏欢乐和温暖，会对孩子的性格产生多方面的影响，孩子可能会因此变得胆怯怕生。 另外，如果孩子从小很少见到陌生人，缺乏在众人面前露面的体验，也会使孩子难以适应陌生的环境和事物。 了解了孩子怕生的原因，就不难找到帮助他们的办法。

（1）创造机会让孩子与生人交往

带孩子散步的时候，停下来与友善的陌生人聊几句。 在公园里，鼓励孩子和小朋友一起玩一会儿。 渐渐地，孩子就会感到陌生人并不可怕，而且很和善，能与他友好地相处。孩子稍大一点以后，爸爸妈妈可以帮他请邻居的朋友来家里玩，让他自由自在地交谈和游戏，不要因为吵闹或弄乱了房间而责怪他们。 在这种自由欢乐的气氛中，孩子的天性自然地流露出来，渐渐就会变得活泼起来。

（2）容忍孩子的怕生

家里来了客人，父母不必一定要勉强怕生的孩子向客人打招呼，也不要非让孩子为客人表演节目，更不要觉得孩子怕生有损自己的面子，不然孩子更会感到不安和焦虑，对于克服怕生的心理没有好处。

（3）不要讥笑孩子

有一种非常普遍的情形，就是父母当着孩子的面，把孩子所做的可笑的事向别人讲述，或者让孩子向人表演他以前的可笑动作。 这些父母没有意识到，孩子的心是非常敏感和脆弱的，以后孩子还怎么敢在生人面前露面呢？

（4）自然地与人交往

让孩子明白，不被某些人喜欢和不喜欢某些人是很自然的，谁也不可能跟所有的人都相处得很好。这样孩子就不会因为担心自己会不受欢迎而不敢进入陌生的环境，也不会因为一两次交往的失败而对与他人交往心存畏惧。

小华父母以前的工作单位比较特殊，和外界接触较少。单位里没有和小华同龄的孩子，也没有幼儿园，小华从小便是由一个农村来的小保姆照顾。保姆人很老实，不太爱说话，慢慢地小华就学会了独自在家里玩，很少出去了。由于妈妈和爸爸的工作都挺忙，平时也很少和孩子在一起，亲戚朋友比较少，家里也很少有外人来做客。小华变得越来越怕生，不合群。小华的父母后来意识到这种情况后，一步一步指导孩子和别人交往。他们请同事、邻居家的小朋友来玩，父母在旁边加以指导，教给他一些常用的社会交往方法，如让小华和小朋友一起玩玩具，和小朋友做合作游戏等，还带小华到人多的地方，鼓励、指导孩子多和其他陌生的小朋友主动问好、说话、玩耍，不要怕生羞怯；每天去幼儿园之前，鼓励小华在幼儿园多交朋友，回家之后，询问小华有没有进展。刚开始的时候，帮孩子出点主意，小华每交到一个新朋友，父母都表示由衷的高兴，并给予表扬。最终，小华克服了怕生的心理。

2.纠正孩子不肯主动讲话的习惯
随着人们的物质生活水平的不断提高，现代家庭的居住环境得到了很大的改善，许多孩子都拥有了属于自己的独立空间。因此，许多孩子从小就养成了喜欢关在自己的小屋里做事的习惯，自我意识和独立性比较强。但是，令人担心的是，因为拥有了属于自己的独立空间，许多孩子有了封闭的倾向，和父母保持一定距离，不肯与人主动讲话，很难向别人吐露心声。

一位母亲忧心忡忡地说："我家孩子上小学时就拥有了自己的房间。但随着年龄的增长，孩子越来越喜欢一回家就关上房间门，而且还把门反锁上。开始我们认为孩子独自在房间里会安心看书，没想到她的成绩一天天下滑。我们一气之下，干脆把孩子房门上的锁给撬掉了。谁知孩子更绝，一回到家，照样关上门，然后再用凳子把房门堵上。我们给了孩子独处的空间，但是孩子和我们越来越疏远，这孩子到底怎么了？"

怎样纠正孩子不肯主动讲话的习惯呢？

（1）找准孩子不肯讲话的原因，对症下药

一些心理专家认为，造成孩子不肯主动讲话的原因主要有这样几个方面：天生性格孤僻，好独处，不喜欢与人交往。父母和孩子之间存在着观念上的巨大差异，也就是通常所说的"代沟"。父母经常看不惯孩子的言行，动不动就干涉，孩子很反感，因而用沉默表示反抗；学业竞争压力大，紧张地学习之后，需要独处，自我调整，而不愿说过多的话。因此，父母应该仔细了解孩子的内心状态，和孩子进行深入地沟通，千万不要用粗鲁、蛮横的态度对待孩子，让孩子主动说出内心真实的想法和感受。

（2）为孩子挑选一些特别有趣的玩具

许多惯性玩具和声控玩具，可以改变孩子过分内向的性格。 这些玩具比较有趣，孩子会情不自禁地追逐这些玩具，或者被这些玩具弄得捧腹大笑。 久而久之，他们就会变得乐观、开朗和自信。

我会给你
表达意见的空间

　　有的父母喜欢那种俯首帖耳"听话"的孩子，父母怎么讲，孩子就怎么做。　一旦发现孩子做错了，就会不分青红皂白地训斥、打骂孩子，不允许孩子申辩。　这样不但不能使孩子心服口服，还会使孩子滋长一种抵触情绪，为撒谎、推脱责任埋下恶根。　孩子申辩本身是一次有条理地使用语言的过程，也是与父母交流的过程。　如果父母能有意识地找一些问题来与孩子辩论，孩子的思维能力和口语的表达能力可以得到很好的训练。

　　孩子在任何情况下都应当被允许表达意见，不仅允许孩子谈可接受的、安全的话题，而且要允许他们参与讨论、争论，这对孩子的发展是至关重要的因素。　它可以建立孩子良好的自我形象、信心，让他知道一个孩子说的话和做的事并不是无关紧要的。　就说话而言，孩子可以体会到他的权利是什么，社会允许的限度又是什么。

　　孩子再长大一些，就会质疑你的判断，提出相反的观点，并且进入真正的成人式讨论。 在孩子改换角色，进入社会之前，让他在充满爱心的家庭中学习这一切非常重要。 必须让孩子明白：能够自己思考是有益的。 但不要因此而奖励正确的回答，惩罚错误的回答。 好的家长并不急于在孩子一犯错误的时候就指出并纠正他们。 如果这么做，孩子自我检查和自我纠错的能力就得不到充分的发展，他也无法获得充分的自信。

成年人喜欢有礼貌地反驳别人，这同样适用于家长与孩子间的任何交往。 家长可以用这些方法帮助你的孩子形成自己的看法，强化逻辑思维，教给他如何真正地、自信地发问；也可以允许孩子在友好的气氛中阐明他的想法，反驳大人的观点。 好的家长会为孩子的智力和自信的成长感到自豪，并且不惧怕孩子的异议。

与孩子说话还应采取以下正确的方式：一是诱导式。 通过循循善诱使孩子增长知识，发展智力，获得乐趣，加深感情。 二是协商式。 对孩子采取平等的态度，尊重孩子的人格，通过商量和讨论启发孩子动脑筋想办法，使孩子积极参与谈话。 三是说理式，也可以称为"解释式"。 动之以情，晓之以理。 当不赞成孩子做什么的时候，应解释原因，说明道理，并征得孩子的理解和同意。 在孩子做错事时，帮助孩子分析原因，指出危害，使孩子心服口服。

另外，在与孩子说话时，家长要特别注意以下几点：

（1）要从平等的地位出发，不摆家长的架子，在心情不佳或被顶撞的时候更要注意态度。

（2）话题要以孩子为中心。 要以孩子关心和感兴趣的话题进行交谈，当然，有家长和孩子都感兴趣的话题更好，以这类话题说话最容易沟通，也便于掌握孩子的思想动向。

（3）家长要有足够的耐心。 有些问题孩子不一定能很快地理解，家长要有耐心帮助孩子慢慢认识问题。 对于孩子没完没了的讲述，家长也不要随意打断，应适当引导，使孩子逐渐提高表达能力。

你要拥有
说话的自信心

有些孩子因为自卑不敢在人前讲话，不愿意与同龄人交往。父母要鼓励这样的孩子大声说话，把自己的想法和要求讲清楚，有了良好的语言沟通能力，就会逐渐培养起孩子的自信。

美国的一个机构曾经做过一个社会调查，主题是：你最害怕什么？调查结果排在第一位的是"当众说话"，其次才是"原子弹"。有舆论称：当众说话比原子弹更可怕。

对很多孩子来说，他们缺乏的不是怎么说话，而是说话的自信和勇气。心理学研究表明：恐惧、自信、勇气等情绪情感是由人的潜意识控制的，恐惧是潜意识启动自我防卫机制的结果，也就是自我保护的需要。

有些孩子之所以会害怕当众说话，逃避与人交往，可能是受父母性格的影响，父母内向、不善交往的处事方式给孩子的影响是最大的；还可能是因为敏感的孩子在人际交往中受到过伤害，在心中制造了一个恐怖的印象而产生的逃避行为；也可能是因为孩子有先天的缺陷，怕人嘲笑或遭到过嘲笑而产生恐惧心理等。

杰克·韦尔奇是美国通用电气公司的董事长，他带领通用电气进行全面的企业改革，在全世界范围内打开市场，以他非凡的领导才能，创造了 20 世纪的商业奇迹，被称为世界第一经理人。

可是，小时候的杰克却是一个不敢在人前讲话、有口吃毛病的孩子。杰克从小就口吃，因为遭受到小伙伴的嘲笑，对着他喊"口吃鬼"，他变得不爱出门、不爱说话、自卑怯懦，每次回答别人的问话就是"嗯""哦"，再也不多说一个字。

当孩子开始有了自我意识，开始尝试与伙伴交往，他们会根据伙伴的评价来定义自己的形象。当伙伴嘲笑杰克"口吃鬼"的时候，他对自己的认识就会停留在"口吃"上，认为自己是一个不正常的孩子，自信心严重受损。如果这样下去，孩子一辈子都会生活在自卑中，甚至会变得孤僻自闭。幸运的是，杰克的妈妈给了他很大的鼓励。

母亲告诉杰克，口吃算不了什么缺陷，甚至还表扬他："你有点口吃，正说明了你聪明爱动脑，想得比说得快些罢了。"然后，母亲继续说："别担心别人说什么，你只要大声地说出你的想法，把话说清楚就好。"

母亲的鼓励无疑给杰克带来了极大的自信，略带口吃的毛病并没有阻碍杰克的发展。而在实际生活中，注意到他有口吃这个缺陷的人，反而对他产生了敬意，美国全国广播公司新闻部总裁迈克尔甚至开玩笑地说："杰克真行，我真恨不能自己也口吃！"

杰克的自卑源于他的口吃，而成功的标志也是"口吃"，重要的是他的自信。在他为口吃自卑的时候，是母亲鼓励他把不足看作优势，告诉他要大声说话，把话说清楚。在大声讲话的同时，就会看到自己的能力，找回自信心。

说话是孩子表达的主要方式，声音的大小能体现孩子信心的多少。大声讲话是克服心理胆怯的最有效的手段之一，也是提高孩子社会交往能力的重要因素。因为大声说话的时候会给自己积极的心理暗示，它传递给自己"我很自信，我能行"的信息。所以，要让孩子能够大声地、自然地、清楚地表达自己的想法、愿望和情绪。

大声说话本身就是在进行积极的自我暗示：我是自信的，我是有力量的人！这种暗示会让孩子形成良性的循环，从而不断提升孩子的自信心。

有个心理专家曾经给一个叫敏敏的学生做过心理辅导，她内心脆弱，认为老师和同学都讨厌自己。平时就自己躲在教室的角落里，上课不回答问题，下课不与同学交往，说话时声音也小小的。她内心非常痛苦，希望这个专家能够帮助她。

心理专家在了解了她的情况后，帮她做了一些心理疏导，还给她布置了作业：要求她找出自己的优点，每天大声念 5 遍；每天找 3 个同学大声地说笑……

　　经过一个月的训练，敏敏的状况有了很大的好转，已经能在课堂回答问题了，和同学谈笑也很自如。

　　敏敏的案例说明：大声说话能帮助孩子克服自卑的心理，尤其是大声地把自己想说的内容表达清楚，对提升孩子的自信有很大的作用。

　　对于比较小的孩子，做家长的可以利用孩子最急切的要求，比如他要吃的、玩的，要求我们帮他做什么，作为一种奖励来训练他大声说话。让孩子大声地叫我们一声，或者说一句话，表达一个自己的看法，再把东西给孩子。这样就会暗示孩子：大声说话就可以满足他的要求。如果孩子虽然说话大声，但是还不够清楚，就要求他把话说得清楚一点。比如他想要吃冰激凌，可是讲得太快，说不清楚，要让他说清楚，然后再满足他的要求。孩子把得到满足和大声说话联系起来，为了得到东西就会主动地大声讲话，并努力讲清楚自己的要求和看法。孩子就在我们的逐步暗示下，慢慢地提升自信心。这对于一两岁的孩子有很好的效果。

　　大一点的孩子，我们需要培养他们独立生活的能力，让他自己去商店买点东西。如果孩子说话比原来大声一些了，就马上表扬他，积极的暗示会激励孩子不断去挑战自己。对孩子的训练要由易到难，不能一开始就带孩子去一个非常严肃、非常陌生的环境让他大声说话，这样不但锻炼不了孩子，还会吓到孩子，让他的内心更恐惧，更压抑了自信。

对于不同的孩子，我们要采取不同的激励方法，让他们学会大声说话，表达清楚自己说话的内容，努力帮孩子提升与人交往的自信。

高情商家教思维

1. 你有哪些沟通技巧可以传授给孩子？

_____

_____

2. 父母可以怎样帮助孩子提升语言表达能力？

_____

_____

3. 如果孩子因为怕生而不敢开口讲话，父母该如何帮助孩子克服？

_____

_____

4. 家长在与孩子说话时，要注意哪些方面？（例如：话题要以孩子为中心等）

_____

_____

5. 孩子逃避与他人交往，可能是哪些原因造成的？家长该如何应对？

_____

_____

_____

6. 全书提到的方法中，你认为最有用的是哪一条？

_____

_____